AF596198

Como Desenvolver FORÇA DE VONTADE

DESVENDE OS SEGREDOS PARA UMA FORÇA DE VONTADE INABALÁVEL

SUPERE OBSTÁCULOS, CONQUISTE METAS E TRANSFORME SUA VIDA

DESENVOLVA UMA FORÇA DE VONTADE INVENCÍVEL E CONQUISTE SEUS SONHOS

Gabriel Novaes

[Como Desenvolver FORÇA DE VONTADE], por [Gabriel Novaes]

ISBN 978-65-00-75719-4
ISBN 978-65-00-75718-7

Dados Internacionais de Catalogação na Publicação (CIP)(Câmara Brasileira do Livro, SP, Brasil)

Novaes, Gabriel
Como desenvolver força de vontade [livroeletrônico] / Gabriel Novaes. -- 1. ed. -- São Paulo : Ed. do Autor, 2023.
PDF

ISBN 978-65-00-75719-4

1. Autoajuda 2. Autoconhecimento (Psicologia)
3. Autocontrole 4. Desenvolvimento pessoal

23- CDD-

Gabriel Novaes
gabrielnovaes2025@gmail.com
@Gabriel20252025

Prefácio

O que é a força de vontade? Como ela se desenvolve? E, acima de tudo, como podemos usá-la para alcançar nossos objetivos mais ambiciosos e desafiadores?

Essas são as perguntas centrais que Gabriel Novaes aborda em seu livro " Como Desenvolver FORÇA DE VONTADE ". Com uma linguagem clara e acessível, o autor apresenta as mais recentes pesquisas sobre o tema e oferece insights valiosos e práticos para pessoas de todas as idades e contextos.

Ao longo do livro, Novaes explora os principais componentes da força de vontade, como a perseverança, a autodisciplina e o autocontrole emocional. Ele também analisa como a força de vontade pode nos ajudar a lidar com situações de adversidade, desde problemas familiares até a falta de recursos materiais. Além disso, o autor compartilha estratégias eficazes para desenvolver e fortalecer a força de vontade, incluindo a definição de metas, a tomada de decisões, a resiliência e o uso de recompensas e incentivos.

Este livro é um guia indispensável para quem deseja ampliar sua compreensão sobre a força de vontade e explorar todo o seu potencial. Seja você um estudante, um profissional, um atleta ou um empreendedor, as lições valiosas de "Como Desenvolver FORÇA DE VONTADE" irão inspirá-lo a superar limites, perseguir seus sonhos e alcançar sucesso em qualquer área da vida.

Gabriel Novaes

Sumário

1. O que é força de vontade e por que ela é importante?

2. Como Desenvolver FORÇA DE VONTADE?

3. Qual é a relação entre força de vontade e autodisciplina?

4. Como a força de vontade pode ajudar a alcançar metas e objetivos?

5. A influência da força de vontade nas nossas escolhas e hábitos diários.

6. A importância da persistência na manutenção da força de vontade.

7. Como controlar impulsos e tentações através da força de vontade?

8. A relação entre força de vontade e autocontrole emocional.

9. Como lidar com a falta de força de vontade em momentos de dificuldade?

10. Como a força de vontade pode ser afetada pela autoestima e autoconfiança?

11. A relação entre força de vontade e motivação.

12. A influência da força de vontade na superação de desafios e

obstáculos.

13. Como cultivar a força de vontade em momentos de procrastinação.

14. A relação entre força de vontade e resiliência.

15. Como desenvolver a habilidade de tomar decisões difíceis através da força de vontade?

16. Os benefícios para a saúde mental e física da força de vontade.

17. A relação entre força de vontade e autoaceitação.

18. A importância da força de vontade para o desenvolvimento pessoal.

19. Como a força de vontade pode ajudar na construção de relacionamentos saudáveis.

20. A relação entre força de vontade e assertividade.

21. Os desafios de manter a força de vontade diante de pressões externas.

22. A relação entre força de vontade e autocontrole financeiro.

23. A força de vontade como ferramenta de prevenção ao estresse e ansiedade.

24. A relação entre força de vontade e inteligência emocional.

25. Os benefícios da força de vontade no ambiente de trabalho.

26. Como desenvolver a força de vontade como habilidade interpessoal.

27. A relação entre força de vontade e liderança.

28. Os desafios de manter a força de vontade quando estamos cansados ou com sono.

29. Como a força de vontade pode ajudar a desenvolver hábitos saudáveis.

30. A relação entre força de vontade e disciplina alimentar.

31. Os benefícios da força de vontade na prática de exercícios físicos.

32. A relação entre força de vontade e qualidade do sono.

33. Como a força de vontade pode ajudar a superar vícios e dependências.

34. A relação entre força de vontade e atitude proativa.

35. Os desafios de manter a força de vontade quando o resultado não é imediato.

36. A relação entre força de vontade e desenvolvimento

pessoal.

37. Como a força de vontade pode ajudar a superar traumas e adversidades.

38. A relação entre força de vontade e autoestima.

39. Os benefícios da força de vontade na busca por conhecimento e aprendizado.

40. A relação entre força de vontade e habilidades sociais.

41. Como desenvolver a força de vontade para lidar com mudanças e incertezas.

42. A relação entre força de vontade e autoconhecimento.

43. Os desafios de manter a força de vontade diante de críticas e rejeições.

44. A força de vontade como ferramenta para superar o medo.

45. A relação entre força de vontade e criatividade.

46. Como a força de vontade pode ajudar a manter o foco nas atividades diárias.

47. Os benefícios da força de vontade na busca por equilíbrio emocional.

48. A relação entre força de vontade e autoconfiança.

49. Como desenvolver a força de vontade em tempos de mudança.

50. A força de vontade como ferramenta para superar a procrastinação.

51. A relação entre força de vontade e tomada de decisões assertivas.

52. Os benefícios da força de vontade na busca por equilíbrio profissional e pessoal.

53. A relação entre força de vontade e respeito às próprias limitações.

54. Como a força de vontade pode ajudar a superar a síndrome do impostor.

55. A força de vontade como ferramenta para superar a negatividade.

56. A relação entre força de vontade e autoconsciência.

57. Os benefícios da força de vontade na busca por um propósito de vida.

58. A relação entre força de vontade e ambientes tóxicos.

59. Como desenvolver a força de vontade em momentos de estresse.

60. A força de vontade como ferramenta para lidar com a incerteza.

61. A relação entre força de vontade e empatia.

62. Os benefícios da força de vontade na busca por autonomia.

63. A relação entre força de vontade e mudança de hábitos.

64. Como a força de vontade pode ajudar a superar a autossabotagem.

65. A força de vontade como ferramenta para superar a falta de motivação.

66. A relação entre força de vontade e autocontrole nas relações interpessoais.

67. Os benefícios da força de vontade na busca por novos desafios.

68. A relação entre força de vontade e autoconfiança em situações de risco.

69. Como desenvolver a força de vontade em momentos de procrastinação.

70. A força de vontade como ferramenta para lidar com a pressão social.

71. A relação entre força de vontade e autocontrole na

alimentação.

72. Os benefícios da força de vontade na busca por responsabilidade financeira.

73. A relação entre força de vontade e autocontrole nas redes sociais.

74. Como a força de vontade pode ajudar a superar a falta de autoestima.

75. A força de vontade como ferramenta para lidar com a insegurança pessoal.

76. A relação entre força de vontade e assertividade nas relações interpessoais.

77. Os benefícios da força de vontade na busca por bem-estar emocional.

78. A relação entre força de vontade e autoestima corporal.

79. Como desenvolver a força de vontade em momentos de solidão.

80. A força de vontade como ferramenta para lidar com a rejeição.

81. A relação entre força de vontade e autocontrole financeiro pessoal.

82. Os benefícios da força de vontade na busca por equilíbrio de trabalho e vida pessoal.

83. A relação entre força de vontade e autocontrole emocional em situações de estresse.

84. Como a força de vontade pode ajudar a superar a autocrítica.

85. A força de vontade como ferramenta para lidar com a negação do próprio potencial.

86. A relação entre força de vontade e autocontrole na procrastinação das tarefas diárias.

87. Os benefícios da força de vontade na busca por relações mais saudáveis.

88. A relação entre força de vontade e autoestima emocional.

89. Como desenvolver a força de vontade em momentos de medo e ansiedade.

90. A força de vontade como ferramenta para lidar com a pressão de padrões de beleza.

91. A relação entre força de vontade e autocontrole nas relações amorosas.

92. Os benefícios da força de vontade na busca por

autoconhecimento.

93. A relação entre força de vontade e autoaceitação da própria história.

94. Como a força de vontade pode ajudar a superar a autossabotagem nas relações interpessoais.

95. A força de vontade como ferramenta para lidar com o julgamento de outras pessoas.

96. A relação entre força de vontade e autoestima profissional.

97. Os benefícios da força de vontade na busca por novas oportunidades.

98. A relação entre força de vontade e autocontrole emocional na política.

99. Como desenvolver a força de vontade em situações de adversidade familiar.

100. A força de vontade como ferramenta para lidar com a falta de recursos materiais.

Conclusão

Sobre o Autor

1. O que é força de vontade e por que ela é importante?

A força de vontade é a capacidade de resistir à tentação, adiar a gratificação imediata e persistir em uma tarefa mesmo quando surgem obstáculos. Ela desempenha um papel fundamental em alcançar metas e objetivos, pois nos dá a motivação e a determinação necessárias para superar desafios. A força de vontade também está relacionada à capacidade de tomar decisões assertivas e manter o foco em momentos de adversidade. É importante porque nos capacita a perseverar diante das dificuldades e a realizar mudanças positivas em nossas vidas.

2. Como Desenvolver FORÇA DE VONTADE?

Desenvolver a força de vontade requer prática e esforço contínuo. Aqui estão algumas estratégias que podem ajudar:

1. **Defina metas claras:** Tenha objetivos bem definidos que sejam relevantes para você. Isso fornecerá a motivação necessária para exercitar sua força de vontade.

2. **Crie um plano de ação:** Dívida suas metas em pequenas etapas e estabeleça um plano realista para alcançá-las. Ter um roteiro claro tornará mais fácil manter-se comprometido ao longo do caminho.

3. **Pratique a autorregulação:** Aprenda a controlar seus impulsos e evitar a tentação. Identifique os gatilhos que provocam comportamentos indesejados e explore estratégias de autocontrole, como distração, meditação ou técnicas de respiração.

4. **Cultive hábitos saudáveis:** Padrões de vida saudáveis, como exercício físico regular, sono adequado e alimentação equilibrada, fortalecem a força de vontade.

5. **Aprenda com os erros:** Reconheça que falhar faz parte do processo de aprendizagem. Use seus erros como oportunidades para crescer e melhorar suas habilidades de força de vontade.

3. Qual é a relação entre força de vontade e autodisciplina?

A força de vontade e a autodisciplina estão intimamente relacionadas. Enquanto a força de vontade se refere à capacidade de resistir a tentações e persistir em tarefas desafiadoras, a autodisciplina é o conjunto de comportamentos e hábitos que nos permitem manter o controle sobre nossas ações e decisões diárias.

A autodisciplina envolve estabelecer rotinas, seguir horários, cumprir compromissos, adotar práticas saudáveis e evitar procrastinação. Ela apoia e fortalece a força de vontade, pois estabelece um ambiente propício para o crescimento pessoal e a realização de metas.

Ao desenvolver a força de vontade, é necessário cultivar a autodisciplina como uma base sólida. Isso significa aprender a controlar impulsos, lidar com atrasos de gratificação e adotar hábitos que contribuam para alcançar os objetivos estabelecidos. A combinação desses dois elementos permitirá que você mantenha o foco em suas metas, supere obstáculos e alcance sucesso pessoal e profissional.

4. Como a força de vontade pode ajudar a alcançar metas e objetivos?

A força de vontade desempenha um papel crucial na conquista de metas e objetivos. Ela nos permite manter o foco mesmo quando enfrentamos desafios e dificuldades ao longo do caminho. Através da força de vontade, podemos resistir à tentação de desistir ou se distrair, mantendo nosso compromisso com o que desejamos alcançar. Ela nos impulsiona a persistir, dedicar tempo e esforço para desenvolver habilidades, adquirir conhecimento e superar obstáculos.

5. A influência da força de vontade nas nossas escolhas e hábitos diários.

Nossas escolhas e hábitos diários são moldados pela força de vontade. Ela nos ajuda a resistir a comportamentos prejudiciais ou indesejados, como comer compulsivamente, procrastinar ou gastar dinheiro impulsivamente. A força de vontade nos permite tomar decisões mais conscientes e alinhadas com nossas metas e valores pessoais. Ela nos encoraja a adotar hábitos saudáveis, como exercitar-se regularmente, ter uma alimentação balanceada, dedicar tempo para o aprendizado e o autocuidado.

6. A importância da persistência na manutenção da força de vontade.

A persistência é fundamental para manter a força de vontade ao longo do tempo. É normal que surjam obstáculos, contratempos e momentos de desmotivação no caminho para alcançar metas e objetivos. No entanto, a persistência nos permite superar essas dificuldades e continuar avançando. Quando enfrentamos desafios, a persistência nos motiva a buscar soluções alternativas, aprender com os erros e ajustar nossa abordagem. Ela ajuda a fortalecer a resiliência e a determinação, mantendo-nos comprometidos com nossas aspirações.

7. Como controlar impulsos e tentações através da força de vontade?

Controlar impulsos e tentações pode ser um desafio, mas a força de vontade nos dá o poder de resistir a esses sentimentos momentâneos. Aqui estão algumas estratégias para controlar impulsos através da força de vontade:

1. **Autoconsciência:** Esteja atento aos seus próprios padrões de comportamento, identificando situações em que você é mais propenso a agir impulsivamente.

2. **Reforço positivo:** Visualize as recompensas a longo prazo e os benefícios que você obterá ao resistir às tentações imediatas.

3. **Auto diálogo positivo:** Fale consigo mesmo de maneira encorajadora e lembre-se das razões pelas quais você quer evitar determinados impulsos.

4. **Distração:** Desvie sua atenção para outras atividades ou pensamentos quando sentir um impulso forte. Ocupar a mente com algo diferente pode ajudar a diminuir a intensidade do desejo.

5. **Estabeleça metas específicas:** Defina metas claras e realistas para si mesmo, concentrando-se em alcançar resultados

significativos. Isso fortalecerá sua motivação e tornará mais fácil resistir a tentações.

Lembre-se de que o desenvolvimento da força de vontade requer prática e esforço contínuos. À medida que você treina sua capacidade de resistir a impulsos e tentações, sua força de vontade se fortalecerá e você se sentirá mais capacitado para alcançar seus objetivos.

8. A relação entre força de vontade e autocontrole emocional.

A força de vontade está diretamente relacionada ao autocontrole emocional. O autocontrole emocional refere-se à capacidade de gerenciar e regular nossas emoções em situações desafiadoras.

Quando somos capazes de controlar nossas emoções, podemos evitar reações impulsivas e tomar decisões mais racionais e alinhadas com nossos objetivos.

A força de vontade é essencial para desenvolver e manter o autocontrole emocional. Ela nos capacita a resistir a respostas automáticas e impulsivas que podem ser prejudiciais ou contraproducentes. Ao exercitar a força de vontade, podemos aprender a identificar e compreender nossas emoções, permitindo-nos responder a elas de maneira mais equilibrada e construtiva.

9. Como lidar com a falta de força de vontade em momentos de dificuldade?

Em momentos de dificuldade, é normal lutarmos com a falta de força de vontade. No entanto, existem estratégias que podem nos ajudar a lidar com essa falta temporária de motivação:

1. Autorreflexão: Faça uma pausa para refletir sobre suas metas, objetivos e os benefícios que você obterá ao alcançá-los. Reconecte-se com seu propósito e visualize as recompensas que virão com o esforço contínuo.

2. Quebra em tarefas menores: Dividir grandes metas em pequenas etapas pode torná-las mais acessíveis e menos avassaladoras. Isso pode ajudar a aumentar sua motivação gradualmente, à medida que você percebe progresso tangível.

3. Busque apoio: Compartilhar suas dificuldades com outras pessoas pode fornecer encorajamento e motivação extra. Amigos, familiares ou até mesmo um mentor podem oferecer suporte e perspectivas úteis.

4. Crie hábitos positivos: Estabelecer rotinas e rituais diários pode ajudar a manter a disciplina mesmo quando a motivação está baixa. Comece com pequenos passos para criar momentum e, aos poucos, vá aumentando a intensidade e o esforço.

5. Cuide de si mesmo: Tire um tempo para cuidar de sua saúde física e mental. Alimentação equilibrada, exercícios regulares, sono adequado e momentos de relaxamento são fundamentais para o bem-estar geral, o que pode influenciar positivamente a força de vontade.

10. Como a força de vontade pode ser afetada pela autoestima e autoconfiança?

A autoestima e a autoconfiança têm um impacto significativo na força de vontade. Uma pessoa com alta autoestima e autoconfiança tende a ter maior motivação intrínseca e uma crença mais forte em suas habilidades para alcançar seus objetivos. Isso fortalece sua determinação e perseverança.

Por outro lado, uma baixa autoestima e falta, de confiança em si mesmo podem minar a força de vontade. Quando não acreditamos em nossas próprias capacidades, podemos duvidar de nossa capacidade de conquistar metas e objetivos. Isso pode levar à procrastinação, desistência precoce e falta de persistência diante de desafios.

Portanto, é fundamental trabalhar na construção de autoestima e autoconfiança saudáveis como base para fortalecer a força de vontade. Isso pode ser realizado através de autoconhecimento, reconhecimento de conquistas passadas, estabelecimento de metas alcançáveis e desafiadoras, aprendendo com os erros e buscando apoio e feedback positivo de pessoas que nos valorizam. Quanto mais confiantes nos sentimos em relação a nós mesmos, mais força de vontade teremos para enfrentar e superar qualquer obstáculo.

11. A relação entre força de vontade e motivação.

A força de vontade e a motivação estão intimamente relacionadas, pois ambas desempenham papéis fundamentais na conquista de metas e na busca por realizações pessoais. A motivação é o impulso interno que nos energiza e nos direciona para agir em prol de algo desejado. Já a força de vontade é a capacidade de resistir a tentações, superar obstáculos e manter o foco mesmo quando enfrentamos dificuldades.

A força de vontade é como uma chama que alimenta a motivação.

Quando a motivação está alta, é mais fácil ter força de vontade para persistir e enfrentar os desafios que surgem no caminho. Da mesma forma, a força de vontade pode ajudar a sustentar e reforçar a motivação quando ela flutua ou diminui ao longo do tempo.

Quando a força de vontade é forte, torna-se mais fácil superar momentos de desânimo e falta de entusiasmo, mantendo o ritmo necessário para alcançar as metas estabelecidas. Assim, a motivação atua como um impulso inicial, enquanto a força de vontade é necessária para manter esse impulso ao longo do tempo, especialmente quando surgem obstáculos e desafios.

12. A influência da força de vontade na superação de desafios e obstáculos.

A força de vontade desempenha um papel crucial na superação de desafios e obstáculos que encontramos ao longo da vida. Ela nos ajuda a persistir, resistir à tentação de desistir e encontrar soluções criativas para os problemas que surgem ao longo do caminho.

Ao enfrentar desafios, é comum nos sentirmos desencorajados ou sobrecarregados, mas é nesses momentos que a força de vontade se torna especialmente importante. Ela nos ajuda a manter o foco em nossas metas, mesmo quando a situação parece desfavorável, nos impulsionando a encontrar alternativas e estratégias para superar os obstáculos.

A força de vontade também está relacionada à resiliência, à capacidade de se recuperar e aprender com os fracassos. Em vez de serem derrotados pelos obstáculos, pessoas com uma forte força de vontade são capazes de ver essas experiências como oportunidades de crescimento e aprendizado.

13. Como cultivar a força de vontade em momentos de procrastinação.

A procrastinação pode ser um obstáculo significativo para a realização de tarefas e metas. No entanto, podemos cultivar a força de vontade e superar esse hábito prejudicial. Aqui estão algumas estratégias para ajudar a desenvolver a força de vontade durante momentos de procrastinação:

1. Defina metas claras e específicas: Ter objetivos bem definidos torna mais fácil visualizar o que precisa ser feito, aumentando a motivação para agir.

2. Crie um plano de ação: Divida as tarefas maiores em etapas menores e estabeleça prazos realistas para cada uma delas. Isso ajudará a evitar a sensação de sobrecarga e a aumentar o senso de progresso.

3. Use técnicas de gerenciamento de tempo: Experimente diferentes métodos, como a técnica Pomodoro (trabalhar por períodos definidos com pausas regulares) ou a técnica de planejamento inverso (começar pelas tarefas mais desafiadoras).

4. Reconheça os gatilhos da procrastinação: Identifique as situações, pensamentos ou sentimentos que geralmente levam à procrastinação. Ao estar ciente desses gatilhos, você pode desenvolver estratégias para lidar com eles de maneira mais construtiva.

5. Pratique o auto reforço: Recompense-se quando concluir com sucesso as tarefas importantes. Isso ajuda a fortalecer o sentimento de satisfação e motivação intrínseca.

6. Desenvolva hábitos saudáveis: Ter uma rotina consistente que integre autocuidado, sono adequado, exercícios regulares e alimentação equilibrada pode ajudar a aumentar sua energia e melhorar seu estado de espírito, o que pode aumentar sua capacidade de resistir à tentação da procrastinação e cultivar a força de vontade. Além disso, tente minimizar distrações desnecessárias, como redes sociais ou aplicativos de mensagens, durante as horas em que você precisa se concentrar em suas tarefas.

É importante lembrar que a força de vontade é uma qualidade que pode ser desenvolvida e aprimorada ao longo do tempo. Mesmo que você esteja acostumado a procrastinar, é possível mudar esse hábito e fortalecer sua força de vontade com prática e persistência. Pequenas ações diárias podem fazer uma grande diferença no longo prazo, então comece hoje mesmo!

14. A relação entre força de vontade e resiliência.

A força de vontade é frequentemente considerada como um fator-chave na resiliência, que é a capacidade de se adaptar e superar adversidades. Ter força de vontade significa ter a determinação e a perseverança necessárias para enfrentar desafios e continuar avançando, mesmo diante de obstáculos. A resiliência, por sua vez, envolve a capacidade de se recuperar rapidamente de experiências negativas ou estressantes.

Quando possuímos uma boa dose de força de vontade, somos mais capazes de lidar com situações difíceis e encontrar recursos internos para nos levantarmos após fracassos ou dificuldades. A força de vontade nos ajuda a manter o foco em nossos objetivos e a persistir, mesmo quando as coisas não saem como planejado. Portanto, há uma clara relação entre força de vontade e resiliência.

15. Como desenvolver a habilidade de tomar decisões difíceis através da força de vontade.

Tomar decisões difíceis pode ser um desafio, pois requer coragem, autoconfiança e, claro, força de vontade. Ao desenvolver a habilidade de tomar decisões difíceis através da força de vontade, é importante considerar alguns pontos-chave.

Em primeiro lugar, é útil definir claramente seus valores e objetivos pessoais. Isso fornecerá uma base sólida para suas decisões, permitindo que você reflita sobre quais opções estão alinhadas com quem você é e o que deseja alcançar.

Em segundo lugar, é importante praticar a autorreflexão e a autoconsciência. Ao se conhecer melhor, você será capaz de identificar suas próprias motivações, medos e crenças que podem influenciar suas decisões. Isso permitirá que você tome decisões mais conscientes e alinhadas com seus valores.

Por fim, a prática da força de vontade é fundamental. Tome decisões pequenas e gradualmente vá aumentando a complexidade das decisões que você precisa tomar. Com o tempo, essa prática fortalecerá sua capacidade de tomar decisões difíceis e resistir às tentações que possam surgir no caminho.

16. Os benefícios para a saúde mental e física da força de vontade.

A força de vontade não apenas ajuda a alcançar metas e resistir a tentações, mas também traz benefícios significativos para a saúde mental e física.

Em termos de saúde mental, a força de vontade está associada a uma maior resiliência emocional, redução do estresse e aumento da autoconfiança. Pessoas com boa força de vontade tendem a ser mais capazes de lidar com emoções negativas e adversidades, o que contribui para uma melhor saúde mental como um todo.

Já em relação à saúde física, a força de vontade está ligada a melhores hábitos alimentares, práticas de exercícios físicos regulares e adesão aos tratamentos médicos. Aqueles que têm uma maior capacidade de resistir a tentações são mais propensos a fazer escolhas saudáveis, cuidando do corpo e prevenindo doenças.

17. A relação entre força de vontade e autoaceitação.

A força de vontade e a autoaceitação podem parecer conceitos opostos à primeira vista, mas na verdade estão intimamente relacionados.

Ter força de vontade envolve a capacidade de persistir em busca de metas e objetivos, mas também deve ser equilibrada com a aceitação de si mesmo. Ser capaz de aceitar e amar quem você é, com todas as suas falhas e imperfeições, é uma parte importante do processo de autotransformação.

Quando nós aceitamos, somos menos propensos a nos comparar com os outros ou a buscar uma perfeição irrealista. Isso reduz a pressão e o estresse desnecessários, permitindo que a força de vontade seja direcionada para metas autênticas e significativas.

Além disso, a autoaceitação também está relacionada à autocompaixão. Quando somos gentis e compassivos conosco mesmos, somos capazes de sermos mais resilientes diante de desafios e falhas. Ao invés de se autojulgar e se criticar, a autocompaixão nos permite aprender com nossos erros e seguir em frente com mais confiança.

Em resumo, a força de vontade e a autoaceitação são complementares. Enquanto a força de vontade nos ajuda a alcançar objetivos importantes, a autoaceitação nos permite cultivar um senso de bem-estar e equilíbrio emocional. Quando esses dois elementos são combinados, podemos alcançar um estado de autotransformação saudável e sustentável.

18. A importância da força de vontade para o desenvolvimento pessoal.

A força de vontade desempenha um papel fundamental no desenvolvimento pessoal, pois é o impulso interno que nos ajuda a superar obstáculos e alcançar nossos objetivos. Ela nos dá a determinação necessária para persistir diante das adversidades, resistir a tentações e manter o foco no que realmente queremos alcançar.

Quando temos uma forte força de vontade, somos capazes de estabelecer metas claras e agir de forma consistente para alcançá-las. Ela nos ajuda a superar a procrastinação, a falta de motivação e os desafios inevitáveis que surgem ao longo do caminho.

Além disso, a força de vontade também está ligada à capacidade de autorregulação e autodisciplina. Ela nos permite tomar decisões conscientes e controlar nossos impulsos, evitando comportamentos autodestrutivos e cultivando hábitos saudáveis.

Desenvolver a força de vontade requer paciência e prática, mas os benefícios são imensos. Pessoas com alto nível de força de vontade tendem a ter maior autoestima, autoconfiança e sensação de realização. Ela é essencial para o crescimento e o amadurecimento pessoal em todas as áreas da vida.

19. Como a força de vontade pode ajudar na construção de relacionamentos saudáveis.

A força de vontade desempenha um papel importante na construção de relacionamentos saudáveis, uma vez que é necessário esforço e dedicação para que o vínculo entre duas pessoas se fortaleça e cresça.

Primeiramente, a força de vontade auxilia no cultivo da empatia e compreensão mútua. Ela nos permite colocar-nos no lugar do outro, entender suas perspectivas e necessidades, e estar disposto a fazer os ajustes necessários para manter um relacionamento saudável.

Além disso, a força de vontade é vital para a resolução de conflitos. Em qualquer relacionamento, há desentendimentos e divergências de opiniões. Nesses momentos, a força de vontade é necessária para ouvir atentamente, comunicar-se de forma clara e expressar nossas necessidades e sentimentos sem provocar danos ao relacionamento.

A força de vontade também está intimamente ligada à paciência e à capacidade de perdoar. Relacionamentos saudáveis exigem comprometimento a longo prazo, e nem sempre as coisas acontecem como gostaríamos. É preciso ter força de vontade para superar dificuldades, aprender com os erros e continuar investindo na construção do relacionamento.

Portanto, ter uma força de vontade sólida pode ajudar a estabelecer e manter relacionamentos saudáveis, baseados na confiança, respeito e apoio mútuo.

20. A relação entre força de vontade e assertividade.

A força de vontade e a assertividade estão diretamente relacionadas. A assertividade é a habilidade de expressar nossas opiniões, sentimentos e necessidades de forma direta, clara e respeitosa. É a capacidade de nos posicionarmos de maneira firme, mas também aberta ao diálogo.

Para sermos assertivos, precisamos de força de vontade. Isso porque a assertividade requer coragem e determinação para expressar nossas opiniões, mesmo quando há o medo de desaprovação ou confronto. É necessário superar a timidez, a insegurança e a preocupação excessiva com o que os outros possam pensar.

A força de vontade nos dá a motivação necessária para defender nossos direitos, expressar nossos sentimentos e negociar soluções satisfatórias em situações interpessoais. Ela nos ajuda a estabelecer limites saudáveis e a comunicar nossas necessidades de maneira eficaz.

Além disso, a força de vontade também é importante para lidar com possíveis repercussões negativas da assertividade. Nem sempre as pessoas reagirão positivamente quando somos assertivos, mas a força de vontade nos ajuda a perseverar e manter nossa postura assertiva, mesmo diante de resistência ou críticas.

Desenvolver a força de vontade e a assertividade é um processo gradual, que envolve prática e autoconhecimento. É importante identificar suas crenças limitantes e trabalhar nelas, cultivar uma mentalidade positiva e confiante, e buscar o apoio de pessoas que incentivem e valorizem sua expressão assertiva.

Quando combinamos a força de vontade com a assertividade, somos capazes de estabelecer relacionamentos mais saudáveis e equilibrados. A comunicação se torna mais clara e efetiva, evitando conflitos não resolvidos e ressentimentos acumulados.

Em suma, a força de vontade e a assertividade são duas habilidades interligadas que nos ajudam a expressar nossas necessidades, construir relacionamentos mais autênticos e satisfatórios, e alcançar um maior senso de empoderamento pessoal.

21. Os desafios de manter a força de vontade diante de pressões externas.

Manter a força de vontade pode ser um desafio quando somos confrontados com pressões externas. Essas pressões podem vir de colegas, familiares, amigos ou até mesmo da sociedade em geral. É importante reconhecer que nossas metas e objetivos são pessoais e únicos para cada um de nós. Ao enfrentar pressões externas, é fundamental lembrar por que estamos comprometidos com nossas metas e o que elas significam para nós. Isso nos ajudará a resistir à influência negativa dessas pressões e a permanecer focados em nosso caminho. Além disso, buscar apoio de pessoas que compartilham nossos valores e nos motivam pode ser uma estratégia eficaz para manter nossa força de vontade.

22. A relação entre força de vontade e autocontrole financeiro.

A força de vontade desempenha um papel crucial no desenvolvimento do autocontrole financeiro. Ela nos permite resistir às tentações de gastos impulsivos e nos ajuda a estabelecer prioridades e metas financeiras claras. Ter força de vontade em relação às finanças envolve tomar decisões conscientes sobre como gastar, economizar e investir nosso dinheiro. Isso implica em evitar compras impulsivas, planejar e aderir a um orçamento e resistir a padrões de consumo excessivo. O autocontrole financeiro é uma habilidade valiosa para alcançar a estabilidade financeira e construir um futuro financeiro sólido.

23. A força de vontade como ferramenta de prevenção ao estresse e ansiedade.

A força de vontade pode ser uma ferramenta eficaz na prevenção do estresse e da ansiedade. Ao enfrentar situações estressantes ou ansiosas, a força de vontade nos permite manter o controle emocional e tomar decisões conscientes. Ela também nos ajuda a evitar comportamentos prejudiciais, como recorrer a substâncias viciantes para lidar com o estresse. Além disso, a força de vontade nos capacita a implementar estratégias saudáveis de enfrentamento, como exercícios físicos, técnicas de respiração ou meditação, que podem reduzir os níveis de estresse e ansiedade.

Ao desenvolver a força de vontade, podemos melhorar nossa capacidade de regular as emoções, lidar com o estresse de maneira eficaz e cultivar uma mentalidade resiliente.

24. A relação entre força de vontade e inteligência emocional.

A força de vontade e a inteligência emocional estão intimamente ligadas. A inteligência emocional envolve a capacidade de reconhecer, compreender e gerenciar as próprias emoções e as emoções dos outros. Quando se trata de força de vontade, a inteligência emocional desempenha um papel importante no fortalecimento e direcionamento dessa habilidade.

Ao desenvolver a inteligência emocional, uma pessoa se torna mais consciente de suas próprias emoções e da forma como essas emoções podem afetar sua força de vontade. Ela aprende a reconhecer os gatilhos emocionais que podem levar à falta de motivação ou autossabotagem, e a encontrar maneiras de lidar com esses desafios emocionais.

Além disso, a inteligência emocional ajuda a pessoa a lidar com o estresse, a controlar impulsos, a se auto motivar e a manter o foco em seus objetivos. Ela também facilita a capacidade de se relacionar com os outros de maneira saudável e assertiva, evitando conflitos desnecessários que possam prejudicar a força de vontade.

25. Os benefícios da força de vontade no ambiente de trabalho.

A força de vontade tem uma série de benefícios quando aplicada no ambiente de trabalho. Veja abaixo alguns deles:

1. **Alcance de metas:** A força de vontade permite que os funcionários estabeleçam metas claras e persistentemente se esforcem para alcançá-las. Essa capacidade de se comprometer e perseverar é fundamental para o sucesso profissional.

2. **Produtividade:** A força de vontade ajuda a resistir às distrações e a se concentrar nas tarefas importantes. Isso resulta em maior produtividade e eficiência no trabalho.

3. **Autodisciplina:** Ter força de vontade no ambiente de trabalho implica em ser capaz de manter a disciplina e cumprir prazos, mesmo quando não há supervisão constante. Isso demonstra responsabilidade e confiabilidade aos olhos dos superiores e colegas de trabalho.

4. **Resiliência:** A força de vontade permite que os funcionários lidem melhor com os desafios e obstáculos que surgem no ambiente de trabalho. Eles são mais capazes de se recuperar rapidamente de falhas, aprender com elas e seguir em frente.

5. Motivação: Ter força de vontade significa ter uma motivação intrínseca para realizar um bom trabalho, mesmo quando as tarefas são difíceis ou tediosas. Isso leva a um alto nível de comprometimento e dedicação ao trabalho.

6. Desenvolvimento profissional: A força de vontade é essencial para a busca de aprendizado e aperfeiçoamento profissional. Os funcionários são mais propensos a buscar oportunidades de treinamento, desenvolvimento de habilidades e crescimento na carreira.

26. Como desenvolver a força de vontade como habilidade interpessoal.

Desenvolver a força de vontade como habilidade interpessoal é fundamental para o sucesso nos relacionamentos pessoais e profissionais. Aqui estão algumas estratégias para fortalecer essa habilidade:

1. **Defina metas claras e significativas:** Estabelecer metas específicas e importantes ajuda a criar um senso de propósito e motivação. Certifique-se de que suas metas estejam alinhadas com seus valores e interesses pessoais.

2. **Cultive a resiliência:** Aprenda a enfrentar e superar os desafios que surgem. Aceite os contratempos como oportunidades de crescimento e aprendizado, mantendo-se firme em sua determinação.

3. **Pratique a autodisciplina:** Exercite sua capacidade de adiar gratificações imediatas em favor de objetivos de longo prazo. Isso envolve disciplinar-se para realizar tarefas difíceis ou desagradáveis antes de se envolver em atividades mais prazerosas.

4. **Busque apoio social:** Encontre amigos, familiares ou colegas que compartilhem seus objetivos e valores. Compartilhar

experiências, desafios e conquistas com outras pessoas pode fornecer motivação adicional e apoio emocional.

5. Mantenha o foco: Pratique técnicas de concentração, como meditação ou visualização, para ajudar a manter o foco nas tarefas e metas estabelecidas.

6. Celebre as conquistas: Reconheça e celebre suas vitórias, por menores que sejam. Isso ajudará a manter sua motivação e reforçar sua força de vontade.

27. A relação entre força de vontade e liderança.

A força de vontade desempenha um papel central na liderança eficaz. Aqui estão algumas maneiras pelas quais esses dois conceitos estão relacionados:

1. Definição e alcance de metas: Líderes com força de vontade são capazes de definir metas claras e inspiradoras para si mesmos e para suas equipes. Eles têm a capacidade de persistir e motivar os outros a alcançar essas metas.

2. Tomada de decisões assertivas: A força de vontade permite que os líderes tomem decisões firmes e assertivas, mesmo diante de incertezas ou adversidades. Eles são capazes de resistir a pressões externas e seguir em frente com suas decisões, mantendo o foco no objetivo final.

3. Motivação e inspiração: Líderes com força de vontade são capazes de motivar e inspirar suas equipes. Eles demonstram um alto nível de comprometimento e dedicação, o que influencia positivamente os membros da equipe a também se esforçarem para atingir os objetivos estabelecidos.

4. Resiliência e adaptação: Líderes com força de vontade são resilientes e capazes de se adaptar a mudanças e desafios. Eles podem enfrentar obstáculos e falhas com determinação e aprender com essas experiências, buscando soluções alternativas e superando as dificuldades.

5. Autodisciplina e exemplo: A força de vontade dos líderes é refletida em sua autodisciplina. Eles são capazes de manter-se focados, cumprir prazos e assumir a responsabilidade por suas ações. Essa autodisciplina serve como exemplo para os membros da equipe, incentivando-os a desenvolver suas próprias habilidades de força de vontade.

6. Desenvolvimento contínuo: Líderes com força de vontade estão sempre em busca de aprendizado e aperfeiçoamento. Eles estão abertos a novas ideias e experiências, buscando constantemente oportunidades de crescimento pessoal e profissional. Isso os capacita a liderar com confiança e eficácia.

Em resumo, a força de vontade desempenha um papel fundamental nos resultados alcançados no ambiente de trabalho, no desenvolvimento de habilidades interpessoais e na liderança.

Ao cultivar a força de vontade, os indivíduos podem beneficiar-se de maior produtividade, resiliência, autodisciplina e motivação, além de se tornarem líderes mais eficazes e inspiradores.

28. Os desafios de manter a força de vontade quando estamos cansados ou com sono.

Manter a força de vontade pode ser especialmente difícil quando estamos cansados ou com sono. Nesses momentos, nossa energia mental e física está esgotada, o que torna mais difícil resistir a impulsos e tomar decisões conscientes. No entanto, existem algumas estratégias que podem nos ajudar a superar esses desafios:

1. Descanse adequadamente: Uma boa noite de sono é essencial para restaurar nossos níveis de energia e recarregar a força de vontade. Priorizar o descanso e criar uma rotina regular de sono pode ajudar a combater a fadiga e manter a determinação.

2. Dividir tarefas complexas: Quando estamos cansados, podemos nos sentir sobrecarregados com grandes tarefas. Dividir essas tarefas em partes menores e mais gerenciáveis nos ajuda a lidar com elas de forma mais eficiente e a não perder o foco.

3. Encontre motivação: Busque maneiras de se motivar quando estiver cansado. Isso pode incluir definir metas realistas, relembrar o propósito por trás do que você está fazendo ou buscar apoio e encorajamento de colegas ou mentores.

4. Cuide da sua saúde física: Alimentação equilibrada, exercícios regulares e beber água suficiente podem ajudar a manter os níveis de energia ao longo do dia e melhorar a capacidade de resistir à fadiga.

29. Como a força de vontade pode ajudar a desenvolver hábitos saudáveis.

A força de vontade desempenha um papel fundamental no desenvolvimento e manutenção de hábitos saudáveis. Aqui estão algumas maneiras pelas quais ela pode ser aplicada nesse contexto:

1. Definir metas claras: A força de vontade pode ajudar a estabelecer metas realistas e específicas para alcançar um estilo de vida saudável. Ao visualizar essas metas e direcionar toda a sua determinação para alcançá-las, será mais fácil resistir às tentações e adotar comportamentos saudáveis.

2. Superar obstáculos: Quando enfrentamos obstáculos ou dificuldades ao longo do caminho, é a força de vontade que nos motiva a continuar. Ela nos ajuda a superar a preguiça, a falta de tempo ou a falta de motivação, permitindo que mantenhamos nosso foco nos hábitos saudáveis que queremos desenvolver.

3. Resistir às tentações: A força de vontade também é essencial para resistir a tentações que podem sabotar nossos esforços para manter hábitos saudáveis. É preciso autodisciplina para escolher opções mais saudáveis em vez de ceder a alimentos não saudáveis ou hábitos prejudiciais.

30. A relação entre força de vontade e disciplina alimentar.

A relação entre força de vontade e disciplina alimentar é bastante estreita. A força de vontade desempenha um papel crucial na área da alimentação saudável e no controle de impulsos quando se trata de escolhas alimentares. Aqui estão alguns pontos-chave relacionados a essa relação:

1. Resistência a tentações: Em um mundo repleto de alimentos processados e açucarados, é preciso força de vontade para resistir a essas tentações e optar por alimentos mais saudáveis. A disciplina alimentar exige que você seja capaz de controlar seus desejos e escolher conscientemente o que comer.

2. Tomada de decisão consciente: Ao fazer escolhas alimentares, é necessário exercitar a força de vontade para tomar decisões conscientes em vez de ceder a impulsos momentâneos. A disciplina alimentar envolve pensar de forma estratégica sobre o que é melhor para o seu corpo e suas metas de saúde.

3. Autodisciplina em porções: Além da escolha dos alimentos em si, a força de vontade também está envolvida na disciplina alimentar ao controlar as porções e evitar excessos. É preciso ter controle sobre a quantidade de comida que é consumida, mesmo quando se tem acesso a delícias tentadoras.

4. Persistência e consistência: A disciplina alimentar requer persistência e consistência ao longo do tempo. É necessário ter força de vontade para manter os hábitos alimentares saudáveis, mesmo quando surgem desafios ou momentos de fraqueza. A disciplina alimentar envolve a capacidade de se comprometer com um estilo de vida saudável a longo prazo.

5. Autocontrole emocional: Muitas vezes, nossas escolhas alimentares estão ligadas às nossas emoções e estados de humor. A força de vontade nos ajuda a controlar essas emoções e tomar decisões alimentares baseadas na nutrição e bem-estar, em vez de buscar conforto emocional através da comida.

Em resumo, a força de vontade desempenha um papel fundamental na disciplina alimentar, ajudando-nos a resistir a tentações, fazer escolhas conscientes, controlar porções e persistir em hábitos saudáveis ao longo do tempo. Desenvolver essa força de vontade nos dá a capacidade de alcançar e manter uma alimentação equilibrada e nutritiva.

31. Os benefícios da força de vontade na prática de exercícios físicos.

A força de vontade desempenha um papel fundamental na motivação e persistência necessárias para manter uma rotina regular de exercícios físicos. Ter a determinação de se exercitar regularmente pode trazer diversos benefícios para a saúde, como o controle do peso corporal, aumento da resistência cardiovascular, fortalecimento muscular e melhora da saúde mental.

Quando aplicamos a força de vontade aos exercícios físicos, somos capazes de superar a preguiça ou a falta de motivação que podem surgir. Ela nos ajuda a criar uma rotina consistente, mesmo quando as circunstâncias são desafiadoras, como falta de tempo, cansaço ou outros compromissos.

Além disso, desenvolver a força de vontade nos permite superar os obstáculos que surgem durante a prática de exercícios, como a dor, a fadiga e as dificuldades físicas ou mentais. Quando nos esforçamos para superar esses desafios, aumentamos nossa capacidade física e mental, melhorando nosso condicionamento e desempenho ao longo do tempo.

32. A relação entre força de vontade e qualidade do sono.

A força de vontade também pode desempenhar um papel importante na qualidade do sono. Estabelecer rotinas saudáveis antes de dormir, como evitar o uso excessivo de dispositivos eletrônicos, criar um ambiente propício para o descanso e relaxar a mente, requer disciplina e força de vontade.

É comum enfrentarmos tentações, como maratonar séries ou ficar até tarde mexendo no celular, mesmo sabendo que isso pode prejudicar a qualidade do sono. Ter força de vontade nos ajuda a resistir a essas tentações e tomar decisões conscientes que promovam um sono reparador.

Além disso, a força de vontade é necessária para estabelecer e manter uma rotina regular de sono. Definir horários consistentes para dormir e acordar, mesmo nos fins de semana, requer disciplina e esforço. Quando aplicada nesse sentido, a força de vontade pode contribuir para uma melhor qualidade do sono, proporcionando mais energia, clareza mental e bem-estar durante o dia.

33. Como a força de vontade pode ajudar a superar vícios e dependências.

A força de vontade desempenha um papel crucial na superação de vícios e dependências. Seja relacionado a substâncias como álcool ou drogas, ou comportamentos viciantes como jogo compulsivo, comer em excesso ou fumar, a força de vontade é essencial para iniciar e manter um processo de recuperação.

Ao decidir se libertar de um vício, a pessoa precisa ter uma determinação firme em resistir às tentações e enfrentar os desafios que surgem ao longo do caminho. Isso inclui lidar com gatilhos emocionais, buscar apoio de profissionais especializados, modificar hábitos e desenvolver estratégias para evitar recaídas.

A força de vontade também está diretamente ligada à motivação para mudar e à capacidade de persistir em um processo de recuperação, mesmo quando as coisas estão difíceis. Ela ajuda a pessoa a manter o foco nos objetivos de longo prazo e a resistir às tentações momentâneas, oferecendo uma nova perspectiva e a oportunidade de construir uma vida mais saudável e equilibrada.

É importante ressaltar que, em casos de vícios e dependências, pode ser necessário buscar apoio profissional e participar de programas de reabilitação para complementar a força de vontade individual. Ter uma rede de suporte e estratégias específicas também são componentes importantes para superar esses desafios.

34. A relação entre força de vontade e atitude proativa.

A força de vontade e a atitude proativa estão intimamente relacionadas, pois ambas envolvem a capacidade de agir de maneira consciente e determinada para alcançar objetivos. Ter força de vontade nos ajuda a superar a procrastinação, a resistir à inércia e a tomar a iniciativa de realizar as tarefas necessárias para alcançar nossos propósitos.

Uma pessoa com força de vontade tem a capacidade de agir de forma proativa, assumindo a responsabilidade por suas ações e tomando medidas constantes para alcançar seus objetivos. Isso implica em agir com determinação, perseverança e motivação, mesmo diante de dificuldades ou contratempos.

Quando combinamos a força de vontade com uma atitude proativa, somos capazes de identificar e superar obstáculos, buscar soluções criativas e aproveitar as oportunidades que surgem. Essa combinação nos permite ser protagonistas de nossa própria vida, em vez de meros expectadores, e nos conduz em direção ao sucesso e à realização pessoal.

35. Os desafios de manter a força de vontade quando o resultado não é imediato.

Um dos desafios mais comuns de manter a força de vontade é quando os resultados desejados não são alcançados de forma imediata. Nesse sentido, é importante entender que muitas vezes o sucesso requer tempo, paciência e persistência.

A força de vontade nos ajuda a manter o foco nos objetivos de longo prazo, mesmo quando os resultados não são visíveis imediatamente. Ela nos permite resistir à tentação de desistir ou buscar atalhos, encorajando-nos a continuar a trabalhar duro e acreditar no processo.

É importante lembrar que cada jornada é única e que cada pessoa progride em seu próprio ritmo. Diante da falta de resultados imediatos, é fundamental cultivar uma mentalidade de aprendizado e crescimento. Isso envolve ajustar as estratégias, aprender com os erros e reconhecer que o progresso pode ser gradual, mas ainda assim significativo.

Buscar o apoio de outras pessoas, estabelecer metas realistas e celebrar pequenas conquistas ao longo do caminho também pode ajudar a manter a força de vontade quando os resultados demoram a chegar. Acreditando em si mesmo e perseverando, é possível superar esses desafios e alcançar o sucesso.

36. A relação entre força de vontade e desenvolvimento pessoal.

A força de vontade desempenha um papel fundamental no desenvolvimento pessoal, pois está diretamente relacionada à capacidade de definir metas, seguir um plano de ação e persistir até alcançar o sucesso desejado.

Ao desenvolver a força de vontade, somos capazes de superar obstáculos e resistir às tentações que podem nos afastar do caminho do crescimento pessoal. Ela nos ajuda a adotar uma mentalidade de melhoria contínua e nos motiva a buscar novos desafios, adquirir novos conhecimentos e habilidades, e expandir nossos horizontes.

A força de vontade também está ligada à autodisciplina, que é essencial para criar hábitos saudáveis e manter uma rotina consistente de autodesenvolvimento. Ela nos ajuda a superar a procrastinação e a resistir aos impulsos instantâneos, permitindo que utilizemos nosso tempo e energia de forma mais produtiva.

Além disso, a força de vontade nos encoraja a enfrentar nossos medos e limitações, a sair da zona de conforto e a buscar oportunidades de crescimento pessoal. Essa busca incessante pelo desenvolvimento nos permite aumentar nossa autoconfiança, melhorar nossas habilidades e alcançar um maior nível de satisfação e realização em todas as áreas de nossa vida.

37. Como a força de vontade pode ajudar a superar traumas e adversidades.

A força de vontade desempenha um papel crucial na superação de traumas e adversidades, pois envolve a capacidade de se manter resiliente diante de situações difíceis e encontrar uma maneira de seguir em frente de forma saudável.

Quando alguém passa por um trauma ou enfrenta adversidades, é natural que haja um impacto emocional significativo. No entanto, a força de vontade nos permite enfrentar essas experiências dolorosas e buscar meios de recuperação e cura.

A força de vontade nos ajuda a desenvolver a resiliência emocional e psicológica necessária para lidar com o trauma. Ela nos capacita a buscar apoio adequado, como terapia ou grupos de suporte, e a adotar estratégias saudáveis para lidar com o estresse, como exercícios físicos, práticas de relaxamento e expressão criativa.

Além disso, a força de vontade nos impulsiona a enfrentar os problemas de frente, em vez de evitá-los. Isso significa encarar nossos medos e enfrentar as emoções difíceis que surgem durante o processo de superação. Com determinação e persistência, podemos aprender a reconstruir nossa vida após um trauma, encontrando novos significados, cultivando relacionamentos saudáveis e buscando um maior bem-estar emocional.

38. A relação entre força de vontade e autoestima.

A relação entre força de vontade e autoestima é estreita, pois, a força de vontade fortalece a autoestima e vice-versa. Enquanto a força de vontade nos capacita a definir e alcançar metas, a autoestima é o sentimento de valor próprio e autoconfiança.

A força de vontade nos permite seguir adiante mesmo diante de desafios e obstáculos, o que aumenta nossa autoeficácia - a crença em nossas próprias habilidades de realizar tarefas e enfrentar situações difíceis. Essa confiança em nós mesmos é fundamental para o desenvolvimento de uma autoestima saudável.

Por outro lado, ter uma boa autoestima também pode alimentar a força de vontade. Quando nós valorizamos e acreditamos em nosso potencial, nos sentimos mais motivados a buscar objetivos ambiciosos e perseverar até alcançá-los. A autoestima positiva nos permite superar o medo do fracasso, aceitar novos desafios e acreditar que merecemos sucesso e felicidade.

Assim, a força de vontade e a autoestima se fortalecem mutuamente. Ao desenvolver uma maior força de vontade, podemos melhorar nossa autoestima; e, ao cultivar uma autoestima positiva, aumentamos nossa capacidade de exercer a força de vontade em busca de nossos objetivos e sonhos.

39. Os benefícios da força de vontade na busca por conhecimento e aprendizado.

A força de vontade desempenha um papel fundamental na busca por conhecimento e aprendizado, pois nos permite superar as dificuldades e desafios que podem surgir nesse processo.

Ao cultivar a força de vontade, somos capazes de persistir na busca pelo conhecimento, mesmo quando o aprendizado se torna desafiador. Ela nos ajuda a resistir à tentação de desistir quando encontramos obstáculos ou quando os resultados não são imediatos. Com determinação e perseverança, podemos superar as barreiras e continuar avançando em nosso caminho de aprendizado.

Além disso, a força de vontade nos permite desenvolver uma mentalidade de crescimento. Ao acreditar que somos capazes de aprender e crescer, estamos mais propensos a buscar ativamente novas oportunidades de conhecimento e enfrentar desafios intelectuais com confiança.

A força de vontade também nos ajuda a estabelecer e manter rotinas de estudo eficientes. Ela nos ajuda a gerenciar nosso tempo e energia de forma adequada, evitando distrações e priorizando nosso processo de aprendizado.

Consequentemente, a força de vontade na busca por conhecimento e aprendizado nos traz inúmeros benefícios em nossa vida. Entre esses benefícios, podemos citar:

1. **Autoconfiança:** A força de vontade na busca por conhecimento nos ajuda a desenvolver autoconfiança à medida que adquirimos novas habilidades e conhecimentos. Quanto mais aprendemos e nos desafiamos intelectualmente, mais confiança temos em nossas capacidades.

2. **Crescimento pessoal:** A força de vontade nos impulsiona a buscar constantemente o crescimento pessoal por meio do aprendizado. Isso nos permite expandir nossos horizontes, adquirir novas perspectivas e desenvolver uma mente aberta.

3. **Oportunidades profissionais:** Ao investir na força de vontade na busca pelo conhecimento, abrimos portas para oportunidades profissionais. Adquirir conhecimentos especializados ou aperfeiçoar habilidades demandadas pelo mercado de trabalho pode nos tornar mais competitivos e aumentar nossas chances de sucesso profissional.

4. **Melhoria das habilidades de resolução de problemas:** A força de vontade no aprendizado nos ajuda a desenvolver habilidades de resolução de problemas e pensamento crítico. Através da prática e do esforço contínuo, somos capazes de enfrentar desafios complexos e encontrar soluções eficazes.

5. **Expansão da consciência:** Ao buscar conhecimento e aprender constantemente, expandimos nossa consciência sobre o mundo ao nosso redor. Isso nos permite ter uma compreensão mais ampla das questões sociais, culturais, científicas e políticas,

contribuindo para uma visão mais informada e uma participação ativa na sociedade.

6. Desenvolvimento de disciplina e autodisciplina: A força de vontade na busca por conhecimento nos ajuda a desenvolver disciplina e autodisciplina. Através do compromisso constante com o aprendizado, aprendemos a estabelecer metas, manter um cronograma de estudo e adotar hábitos saudáveis de trabalho, o que pode se estender para outras áreas de nossas vidas.

Portanto, a força de vontade desempenha um papel essencial na busca por conhecimento e aprendizado, proporcionando benefícios significativos em nossa jornada pessoal e profissional.

Com ela, podemos superar obstáculos, expandir nossas habilidades e alcançar um maior crescimento e realização.

40. A relação entre força de vontade e habilidades sociais.

A força de vontade desempenha um papel fundamental no desenvolvimento das habilidades sociais. Isso ocorre porque a força de vontade nos permite superar a timidez, o medo e a ansiedade social, nos dando coragem para interagir com os outros de maneira positiva e construtiva. Ao praticar a força de vontade na busca por habilidades sociais, podemos aprender a expressar nossos pensamentos e sentimentos de forma clara e respeitosa, ouvir ativamente, empatizar com os outros e resolver conflitos de maneira saudável. Além disso, a força de vontade nos ajuda a persistir no desenvolvimento dessas habilidades, mesmo diante de desafios e rejeição, o que é essencial para construir relacionamentos saudáveis e gratificantes.

41. Como desenvolver a força de vontade para lidar com mudanças e incertezas.

Lidar com mudanças e incertezas pode ser desafiador, mas a força de vontade pode ser uma ferramenta poderosa nesses momentos.

Uma forma de desenvolver a força de vontade nesse sentido é cultivar a resiliência. Resiliência é a capacidade de se adaptar e se recuperar de adversidades e mudanças. Para desenvolvê-la, é importante aceitar que as mudanças fazem parte da vida e que nem sempre temos controle sobre elas. Além disso, estabelecer metas realistas, criar um plano de ação e manter-se motivado, mesmo diante de obstáculos, pode fortalecer a resiliência e, consequentemente, a força de vontade. Outra estratégia útil é praticar o autocuidado, que envolve cuidar do corpo, da mente e das emoções, proporcionando maior equilíbrio emocional e capacidade de enfrentar as mudanças com mais tranquilidade.

42. A relação entre força de vontade e autoconhecimento.

A relação entre força de vontade e autoconhecimento é muito íntima, já que a força de vontade é necessária para buscar e aprimorar o autoconhecimento. O autoconhecimento envolve explorar nossas emoções, pensamentos, crenças, valores e motivadores internos. Para desenvolver essa compreensão profunda de nós mesmos, precisamos ter a força de vontade para fazer uma introspecção sincera e corajosa. Isso requer disposição para enfrentarmos nossas próprias vulnerabilidades, confrontar nossos medos e superar nossas resistências. Ao desenvolver a força de vontade nesse sentido, podemos nos tornar mais conscientes de nossas qualidades e fraquezas, compreender nossos padrões de comportamento e tomar decisões alinhadas com quem realmente somos. Além disso, a força de vontade também é necessária para implementar as mudanças necessárias com base no autoconhecimento adquirido, buscando o crescimento pessoal e a autotransformação.

43. Os desafios de manter a força de vontade diante de críticas e rejeições.

Muitas vezes, enfrentamos críticas e rejeições ao longo da vida, o que pode afetar nossa força de vontade. O primeiro desafio é não deixar que essas críticas e rejeições abalem nossa autoconfiança e determinação. É importante lembrar que as opiniões e percepções das outras pessoas nem sempre refletem nossa realidade. Ao manter a força de vontade nessas situações, podemos aprender a separar o que é construtivo do que é apenas negativo, buscando o crescimento pessoal e profissional. Além disso, é essencial lembrar que falhas e rejeições são parte do processo de aprendizagem e crescimento. Cultivar uma mentalidade de resiliência e aprender com as experiências adversas é fundamental para manter a força de vontade diante de críticas e rejeições, transformando-as em oportunidades de crescimento.

44. A força de vontade como ferramenta para superar o medo.

O medo é uma emoção poderosa que pode nos paralisar e limitar nosso potencial. Nesse contexto, a força de vontade desempenha um papel fundamental como uma ferramenta para superá-lo. Ter a força de vontade para enfrentar nossos medos é fundamental para o crescimento pessoal e a conquista de objetivos. Isso envolve enfrentar o medo de forma gradual, estabelecendo pequenas metas e se desafiando constantemente. À medida que desenvolvemos a força de vontade para enfrentar nossos medos, começamos a expandir nossa zona de conforto, ganhar confiança e experimentar um senso de realização. Além disso, a força de vontade também nos permite adotar uma mentalidade mais positiva e resiliente, transformando o medo em motivação para superarmos os desafios que encontramos.

45. A relação entre força de vontade e criatividade.

A força de vontade tem uma relação íntima com a criatividade.

Desenvolver a criatividade requer empenho, persistência e capacidade de se motivar internamente, características associadas à força de vontade. Quando temos a força de vontade necessária, somos capazes de superar bloqueios criativos, como o perfeccionismo ou o medo do fracasso, e nos dedicar a explorar novas ideias e perspectivas. Além disso, a força de vontade também nos ajuda a manter o foco e a disciplina necessários para seguir adiante mesmo quando enfrentamos obstáculos criativos.

Ao desenvolver a força de vontade em relação à criatividade, nos tornamos mais abertos a experiências, somos capazes de pensar de forma não convencional e encontramos soluções inovadoras para problemas complexos. A criatividade, por sua vez, também pode fortalecer nossa força de vontade, proporcionando uma sensação de satisfação e realização à medida que expressamos nosso potencial criativo.

46. Como a força de vontade pode ajudar a manter o foco nas atividades diárias.

Manter o foco nas atividades diárias é essencial para alcançar nossos objetivos e ter sucesso em qualquer empreendimento.

Nesse contexto, a força de vontade desempenha um papel crucial.

Através do cultivo da força de vontade, somos capazes de direcionar nossa atenção e energia para as tarefas importantes, evitando distrações e procrastinação. A força de vontade nos ajuda a superar a tentação de se envolver em atividades menos importantes e nos mantém comprometidos com nossas metas.

Além disso, a força de vontade também nos dá a capacidade de estabelecer prioridades claras, planejar e organizar nosso tempo de forma eficaz. Ao desenvolver e fortalecer nossa força de vontade, somos capazes de cultivar hábitos saudáveis de produtividade, disciplina e foco.

47. Os benefícios da força de vontade na busca por equilíbrio emocional.

A busca pelo equilíbrio emocional é um aspecto importante para uma vida saudável e feliz. A força de vontade desempenha um papel fundamental nesse processo, pois nos permite controlar e regular nossas emoções. Ter força de vontade significa ter a capacidade de reconhecer nossos sentimentos e reações emocionais, e escolher responder a eles de maneira construtiva. A força de vontade nos ajuda a evitar reagir impulsivamente a situações emocionais intensas, permitindo-nos responder de forma equilibrada e racional. Além disso, a força de vontade também nos ajuda a adotar práticas que promovem o bem-estar emocional, como a busca por atividades relaxantes, o exercício físico regular e o estabelecimento de limites saudáveis em relacionamentos. Ao desenvolver a força de vontade em relação ao equilíbrio emocional, somos capazes de lidar com o estresse de forma mais eficiente, tomar decisões mais ponderadas e cultivar relacionamentos mais saudáveis.

48. A relação entre força de vontade e autoconfiança.

A força de vontade tem uma relação intrínseca com a autoconfiança. Desenvolver e fortalecer a força de vontade pode impactar positivamente nossa autoconfiança, e vice-versa. Quando possuímos autoconfiança, acreditamos em nossas habilidades e capacidades, o que nos permite estabelecer metas desafiadoras e ter a determinação necessária para alcançá-las. A força de vontade, por sua vez, nos ajuda a persistir nesses objetivos mesmo diante de desafios e obstáculos, o que reforça ainda mais nossa autoconfiança. Por outro lado, quando temos uma forte força de vontade, somos mais propensos a assumir riscos calculados e enfrentar novos desafios, o que leva a experiências bem-sucedidas e, consequentemente, ao aumento da autoconfiança. Essa relação entre força de vontade e autoconfiança é alimentada por um ciclo positivo, onde o desenvolvimento de um fortalece o outro.

Portanto, ao cultivar e fortalecer a força de vontade e a autoconfiança, podemos alcançar um maior senso de autorrealização e sucesso pessoal.

49. Como desenvolver a força de vontade em tempos de mudança.

Em tempos de mudança, é comum nos sentirmos desafiados e desorientados. No entanto, é nesses momentos que desenvolver a força de vontade se torna ainda mais importante. Para desenvolver a força de vontade em tempos de mudança, é fundamental ter clareza sobre seus objetivos e o impacto positivo que a mudança pode trazer. Defina metas específicas e realistas relacionadas à mudança que deseja implementar e estabeleça um plano de ação claro. Além disso, é importante praticar a autorreflexão e desenvolver uma mentalidade positiva, buscando enxergar as oportunidades que a mudança traz em vez de focar apenas nas dificuldades. Manter-se comprometido com essas metas, mesmo quando surgirem obstáculos, requer disciplina e persistência.

Portanto, cultivar hábitos de autodisciplina, como a prática regular de exercícios, o estabelecimento de rotinas consistentes e a busca por desafios voluntários, ajudará no desenvolvimento da força de vontade em tempos de mudança.

50. A força de vontade como ferramenta para superar a procrastinação.

A procrastinação é uma armadilha comum que prejudica nosso desempenho e bem-estar. A força de vontade desempenha um papel fundamental ao enfrentar esse hábito negativo. Superar a procrastinação requer autocontrole e a capacidade de resistir à gratificação imediata. Ao fortalecer a força de vontade, podemos estabelecer metas claras e prazos realistas para as tarefas que tendemos a procrastinar. Além disso, é importante identificar e lidar com os fatores subjacentes que contribuem para a procrastinação, como falta de motivação, medo do fracasso ou perfeccionismo excessivo. Por meio do cultivo da força de vontade, somos capazes de adotar estratégias eficazes de gerenciamento do tempo, como dividir tarefas em etapas menores, estabelecer recompensas e manter o foco nas consequências positivas de concluir as tarefas em tempo hábil.

51. A relação entre força de vontade e tomada de decisões assertivas.

A força de vontade desempenha um papel fundamental na tomada de decisões assertivas. Ao desenvolver uma forte força de vontade, somos capazes de resistir às tentações imediatas e priorizar nossos valores e objetivos a longo prazo. Isso nos permite tomar decisões mais ponderadas e alinhadas com o que realmente queremos.

Além disso, a força de vontade nos ajuda a superar a indecisão e a procrastinação, permitindo-nos agir com determinação e confiança. Para fortalecer a força de vontade em relação à tomada de decisões assertivas, é importante cultivar a autocrítica construtiva e a autoconsciência. Devemos nos questionar sobre nossas motivações, considerar cuidadosamente as informações relevantes e buscar o equilíbrio entre a intuição e a razão. Ao desenvolver uma força de vontade sólida, somos capazes de tomar decisões mais assertivas, aumentar nossa autoconfiança e progredir em direção aos nossos objetivos com maior clareza e determinação.

52. Os benefícios da força de vontade na busca por equilíbrio profissional e pessoal.

A força de vontade é uma qualidade essencial quando se trata de buscar equilíbrio entre a vida profissional e pessoal. Ao desenvolver a força de vontade, somos capazes de estabelecer prioridades claras e tomar decisões que promovam esse equilíbrio.

Isso significa aprender a dizer não quando necessário, definir limites saudáveis e não ceder a pressões externas que possam comprometer nosso bem-estar. Além disso, a força de vontade nos permite administrar nosso tempo de forma eficaz, evitando que uma área da vida domine totalmente a outra. Ela nos ajuda a gerenciar o estresse, permitindo que encontremos momentos de descanso, lazer e autocuidado. A busca pelo equilíbrio muitas vezes exige disciplina, mas, com uma força de vontade sólida, podemos desfrutar dos benefícios de uma vida mais equilibrada, com maior satisfação pessoal e desempenho profissional.

53. A relação entre força de vontade e respeito às próprias limitações.

Respeitar nossas próprias limitações é um aspecto importante do autocuidado e do bem-estar. A força de vontade desempenha um papel vital nesse processo, pois nos permite identificar e respeitar nossos próprios limites. Desenvolver a força de vontade significa reconhecer quando precisamos parar, descansar ou pedir ajuda.

Isso envolve aceitar que não podemos fazer tudo e que é importante estabelecer limites saudáveis em nossas atividades diárias. Através do cultivo da força de vontade, podemos aprender a ouvir nosso corpo e mente, evitando sobrecargas físicas e emocionais. Além disso, a força de vontade nos ajuda a definir metas realistas e alcançáveis, considerando nossas limitações individuais. Ao respeitar nossas próprias limitações e agir com autocompaixão, podemos melhorar nosso bem-estar geral e desenvolver uma relação saudável conosco mesmos.

54. Como a força de vontade pode ajudar a superar a síndrome do impostor

A síndrome do impostor é um fenômeno psicológico que faz com que as pessoas duvidem de suas conquistas e talentos. A força de vontade desempenha um papel fundamental na superação dessa síndrome. Ao desenvolver uma forte força de vontade, somos capazes de enfrentar e questionar os pensamentos negativos e autodepreciativos associados à síndrome do impostor. A força de vontade nos ajuda a reconhecer nossas habilidades e conquistas legítimas, permitindo-nos desafiar a autocrítica excessiva e o medo do fracasso. Além disso, ela nos permite buscar apoio e orientação quando necessário, em vez de sucumbir às dúvidas. Cultivar a força de vontade também envolve assumir riscos calculados e enfrentar desafios pessoais e profissionais com coragem. Ao fortalecer nossa força de vontade, podemos liberar a preocupação constante com a validação externa e confiar em nossas habilidades, superando assim a síndrome do impostor.

55. A força de vontade como ferramenta para superar a negatividade.

A força de vontade pode ser uma ferramenta poderosa para superar a negatividade em diferentes aspectos da vida. Quando enfrentamos momentos difíceis, é natural que emoções negativas surjam, como medo, tristeza ou frustração. No entanto, é importante lembrar que temos o poder de escolher como responder a essas emoções e situações.

A força de vontade nos capacita a tomar a decisão consciente de não nos rendermos à negatividade. Ela nos ajuda a encontrar motivação interna para seguir em frente, apesar dos desafios. Essa força interior nos permite desenvolver resiliência emocional, que é a capacidade de se recuperar rapidamente e se adaptar às adversidades.

Ao cultivar a força de vontade, podemos desenvolver uma mentalidade positiva e construtiva. Isso não significa ignorar ou negar as emoções negativas, mas sim lidar com elas de maneira saudável e produtiva. Podemos usar a força de vontade para mudar nossas percepções e crenças limitantes, substituindo-as por pensamentos mais positivos e capacitadores.

Além disso, a força de vontade nos ajuda a adotar práticas diárias que promovem o bem-estar emocional. Isso pode incluir atividades como meditação, exercícios físicos, expressão criativa, leitura inspiradora ou qualquer outra atividade que nos traga alegria e paz interior. Essas práticas auxiliam na redução do estresse, na melhoria da saúde mental e na promoção de uma visão mais otimista da vida.

A força de vontade também nos ajuda a reconhecer os gatilhos que desencadeiam a negatividade em nós mesmos.

Conscientemente, podemos evitar ou lidar com esses gatilhos de forma mais eficaz. Isso envolve o desenvolvimento de estratégias que nos ajudam a manter o equilíbrio emocional, como a prática de técnicas de respiração profunda, a busca de apoio emocional de pessoas queridas ou a participação em terapias adequadas.

Em resumo, a força de vontade é uma ferramenta poderosa para superar a negatividade, pois nos capacita a tomar decisões conscientes para responder de maneira positiva aos desafios e emoções negativas. Ao cultivar essa qualidade interior, somos capazes de encontrar motivação, desenvolver resiliência emocional e adotar práticas saudáveis para promover nosso bem-estar mental e emocional.

56. A relação entre força de vontade e autoconsciência.

A força de vontade e a autoconsciência estão intrinsecamente relacionadas, pois uma alimenta a outra de maneira positiva. A autoconsciência é a capacidade de reconhecer e compreender nossas emoções, pensamentos, comportamentos e motivações. Já a força de vontade é a habilidade de direcionar nossa energia e atenção para alcançar nossos objetivos.

Quando somos conscientes de nossas próprias tendências, desejos e fraquezas, podemos usar a força de vontade para lidar com elas de maneira eficaz. A autoconsciência nos ajuda a identificar nossos pontos fortes e fracos, permitindo que direcionemos nossa energia para superar obstáculos e alcançar nossas metas. Ela nos possibilita ter uma compreensão mais profunda de nossos desejos e valores, o que por sua vez fortalece nossa motivação interna.

Além disso, a autoconsciência nos ajuda a reconhecer quando estamos agindo automaticamente ou impulsivamente e nos permite fazer uma pausa para avaliar nossas escolhas. Isso é fundamental para a força de vontade, pois nos possibilita tomar decisões conscientes e alinhadas com nossos objetivos. A partir desse conhecimento sobre nós mesmos, somos capazes de estabelecer metas realistas e criar estratégias para alcançá-las.

Dessa forma, a relação entre força de vontade e autoconsciência é uma parceria poderosa para o crescimento pessoal e o alcance de nossos objetivos. Ao desenvolver a autoconsciência, fortalecemos nossa capacidade de usar a força de vontade de maneira eficaz, facilitando a superação de obstáculos e impulsionando nosso desenvolvimento pessoal.

57. Os benefícios da força de vontade na busca por um propósito de vida.

A força de vontade desempenha um papel fundamental na busca por um propósito de vida significativo e gratificante. Encontrar um propósito é essencial para experimentar uma sensação de significado e satisfação em nossas vidas, e a força de vontade nos ajuda a perseguir esse objetivo com determinação.

Ao desenvolver a força de vontade, somos capazes de superar os desafios e obstáculos que surgem ao longo do caminho em direção ao nosso propósito. Ela nos permite persistir mesmo diante das dificuldades, mantendo-nos focados e motivados. A força de vontade nos ajuda a resistir à tentação de desistir e a continuar avançando, mesmo quando enfrentamos momentos de incerteza ou enfrentamos reveses.

Além disso, a força de vontade nos ajuda a estabelecer metas específicas e alcançáveis para alcançar nosso propósito. Ela nos capacita a planejar e implementar passos concretos em direção ao que realmente importa para nós. Com a força de vontade, somos capazes de superar a procrastinação e manter o compromisso e a disciplina necessários para seguir em frente.

Outro benefício importante da força de vontade na busca por um propósito de vida é a capacidade de se adaptar e ajustar conforme necessário. À medida que avançamos em direção ao nosso propósito, podemos encontrar obstáculos inesperados ou mudanças de direção. A força de vontade nos ajuda a enfrentar essas situações com resiliência, flexibilidade e a encontrar novas formas de continuar progredindo.

Em suma, a força de vontade é fundamental para buscar um propósito de vida gratificante e significativo. Ela nos ajuda a superar desafios, estabelecer metas claras e alcançáveis, persistir diante das dificuldades e adaptar-se às mudanças ao longo do caminho. Ao desenvolver essa qualidade, nos capacitamos a seguir em frente com determinação em nossa busca por um propósito de vida que nos traga realização pessoal.

58. A relação entre força de vontade e ambientes tóxicos.

A força de vontade desempenha um papel crucial ao lidar com ambientes tóxicos. Um ambiente tóxico pode ser caracterizado por relacionamentos prejudiciais, comportamentos abusivos, negatividade constante ou qualquer situação em que a saúde emocional e mental seja comprometida. Nesses contextos, a força de vontade se torna essencial para proteger nosso bem-estar e estabelecer limites adequados.

A força de vontade nos capacita a reconhecer quando um ambiente é tóxico e a tomar medidas para nos proteger. Ela nos ajuda a estabelecer limites saudáveis, dizendo "não" quando necessário e evitando situações que possam nos prejudicar. A força de vontade também nos permite buscar apoio emocional e encontrar maneiras de nos fortalecer diante dessas circunstâncias desafiadoras.

É importante ressaltar que, em ambientes tóxicos, a força de vontade também pode ser necessária para realizar mudanças significativas em nossas vidas. Pode demandar esforço e coragem para abandonar relacionamentos ou ambientes que não são saudáveis para nós. A força de vontade nos dá a determinação necessária para buscar um ambiente mais positivo e construtivo.

59. Como desenvolver a força de vontade em momentos de estresse.

Desenvolver a força de vontade em momentos de estresse pode ser um desafio, mas é fundamental para manter o equilíbrio e a resiliência emocional. Aqui estão algumas estratégias que podem ajudar:

1. **Defina metas claras:** Estabeleça metas realistas e alcançáveis durante períodos de estresse. Isso ajudará a direcionar sua força de vontade para objetivos específicos.

2. **Pratique a autorregulação emocional:** Aprenda a reconhecer suas emoções e a regular suas reações. Isso ajudará a preservar sua força de vontade, permitindo que você faça escolhas conscientes em vez de responder impulsivamente ao estresse.

3. **Cultive hábitos saudáveis:** Invista tempo em cuidar de si mesmo. Priorize o sono adequado, exercícios físicos regulares e uma alimentação balanceada. Esses hábitos saudáveis fornecem energia e fortaleza mental para enfrentar os momentos estressantes.

4. **Aplique técnicas de relaxamento:** Práticas como meditação, respiração profunda e yoga podem ajudar a acalmar a mente e

reduzir o estresse. Ao praticar essas técnicas regularmente, você fortalecerá sua força de vontade para lidar com os desafios.

5. Busque apoio social: Não tenha medo de pedir ajuda quando necessário. Amigos, familiares ou profissionais de saúde podem oferecer suporte emocional e prático durante momentos estressantes.

Lembrando que desenvolver a força de vontade é um processo contínuo. A prática regular dessas estratégias em períodos de estresse ajudará a fortalecê-la ao longo do tempo.

60. A força de vontade como ferramenta para lidar com a incerteza.

A incerteza pode ser desafiadora e desconfortável, mas a força de vontade pode ser uma ferramenta poderosa para lidar com essas situações. Aqui estão algumas maneiras pelas quais ela pode nos ajudar:

1. Aceitação da incerteza: A força de vontade nos capacita a aceitar que a incerteza é uma parte natural da vida. Em vez de lutar contra ela, podemos direcionar nossa energia para adaptar-nos e encontrar maneiras de seguir em frente positivamente.

2. Flexibilidade mental: A força de vontade nos permite ser flexíveis em nossas perspectivas e abertos a diferentes possibilidades. Em vez de ficarmos presos em expectativas ou resultados específicos, podemos ajustar nossos planos e buscar alternativas viáveis.

3. Foco na ação: A incerteza pode levar à inércia e ao medo de tomar decisões. No entanto, a força de vontade nos ajuda a focar na ação. Mesmo que a incerteza possa parecer esmagadora, podemos usar nossa força de vontade para dar passos concretos em direção aos nossos objetivos. Isso pode envolver pesquisar e obter informações relevantes, buscar orientação de especialistas ou simplesmente tomar decisões baseadas no que sabemos até agora.

4. Resiliência emocional: A incerteza muitas vezes traz consigo emoções como ansiedade, medo e frustração. A força de vontade nos permite desenvolver resiliência emocional para enfrentar essas emoções de forma saudável. Podemos praticar técnicas de relaxamento, buscar apoio emocional e trabalhar na gestão do estresse para fortalecer nossa capacidade de lidar com a incerteza.

5. Autoconfiança: A força de vontade também está intimamente ligada à nossa autoconfiança. Ao confiar em nossas habilidades e capacidade de enfrentar os desafios da incerteza, podemos encontrar coragem e motivação para seguir em frente, mesmo quando as coisas parecem incertas.

É importante lembrar que lidar com a incerteza é um processo gradual e individual. Cada pessoa pode encontrar estratégias e abordagens que funcionem melhor para ela. A força de vontade é uma ferramenta valiosa nesse processo, permitindo-nos enfrentar a incerteza com resiliência e determinação.

61. A relação entre força de vontade e empatia.

A força de vontade e a empatia são duas características que podem se complementar e se fortalecer mutuamente. A empatia é a capacidade de se colocar no lugar do outro, entender seus sentimentos e perspectivas. Ela envolve ser sensível às necessidades dos outros e ter a disposição de ajudar.

Ter força de vontade significa ter a determinação e o compromisso de alcançar metas e superar desafios. Através da força de vontade, podemos direcionar nossa energia para oferecer apoio e cuidado aos outros. Isso pode significar estar presente para ouvir, ajudar alguém a superar dificuldades ou simplesmente oferecer um ombro amigo.

A empatia também pode nos ajudar a fortalecer nossa própria força de vontade. Ao compreender as lutas e desafios dos outros, somos capazes de estabelecer conexões mais profundas e ampliar nossa perspectiva. Essa consciência dos sentimentos e necessidades dos outros pode nos motivar a agir com compaixão e perseverança.

62. Os benefícios da força de vontade na busca por autonomia.

A força de vontade desempenha um papel fundamental na busca por autonomia, que é a capacidade de tomar decisões e agir de acordo com nossas próprias escolhas e valores. Através da força de vontade, adquirimos a confiança necessária para nos tornarmos independentes e responsáveis por nossas ações.

Ao desenvolver a força de vontade, podemos superar obstáculos, resistir à pressão social e seguir nossos próprios caminhos. Isso nos permite ter mais controle sobre nossas vidas e tomar decisões alinhadas com nossos objetivos e valores pessoais.

A força de vontade também nos ajuda a superar desafios e adversidades que podem surgir no processo de busca por autonomia. A capacidade de perseverar e manter o foco em nossos objetivos nos permite lidar com os obstáculos e aprender com as experiências, fortalecendo assim nossa autonomia.

63. A relação entre força de vontade e mudança de hábitos.

A força de vontade é essencial quando se trata de mudar hábitos. Mudar comportamentos arraigados requer determinação, disciplina e compromisso, e essas são características fortemente ligadas à força de vontade.

Ao decidir mudar um hábito, como parar de fumar, começar uma rotina de exercícios ou adotar uma alimentação saudável, a força de vontade é o que nos impulsiona a seguir adiante, mesmo quando enfrentamos resistência interna ou tentações externas.

A força de vontade nos ajuda a resistir a impulsos instantâneos e focar na recompensa a longo prazo. É comum nos sentirmos tentados a voltar aos velhos hábitos quando a mudança se torna difícil ou desconfortável. Mas com a força de vontade, somos capazes de superar essas tentações e continuar em nosso caminho para a mudança.

Além disso, a força de vontade nos permite estabelecer metas claras e realistas, criar planos concretos e acompanhar nosso progresso ao longo do tempo. Ela nos dá a motivação necessária para persistir, mesmo quando enfrentamos contratempos ou deslizes temporários.

Seja qual for o hábito que desejamos mudar, a força de vontade é uma aliada poderosa que nos ajuda a superar as dificuldades, resistir à tentação e alcançar nossos objetivos de mudança.

64. Como a força de vontade pode ajudar a superar a autossabotagem.

A autossabotagem é um comportamento em que agimos contra nossos próprios interesses, sabotando nossos objetivos e aspirações. Pode ser causada por medo do fracasso, baixa autoestima ou crenças limitantes. No entanto, a força de vontade pode desempenhar um papel fundamental na superação da autossabotagem.

Ao exercitar a força de vontade, somos capazes de identificar os padrões autodestrutivos e tomar medidas para interrompê-los. Isso requer uma autorreflexão honesta e a disposição de enfrentar os desafios internos que nos levam à autossabotagem.

A força de vontade nos ajuda a desenvolver habilidades de autorregulação, permitindo-nos resistir às tentações e impulsos que nos levam a sabotar nossos esforços. Ela fortalece nossa determinação e compromisso com nossos objetivos, tornando-se mais fácil evitar comportamentos autodestrutivos.

Além disso, a força de vontade nos ajuda a superar obstáculos e a perseverar quando enfrentamos dificuldades. Podemos usar essa determinação para nos motivar a buscar suporte e recursos externos, como buscar aconselhamento ou se envolver em atividades que promovam o autodesenvolvimento.

65. A força de vontade como ferramenta para superar a falta de motivação.

A falta de motivação pode afetar nossa produtividade, nossos objetivos pessoais e profissionais e até mesmo nossa saúde mental.

No entanto, a força de vontade pode ser uma ferramenta poderosa para superar essa falta de motivação e encontrar a energia necessária para seguir em frente.

A força de vontade nos permite estabelecer prioridades e definir metas realistas. Ela nos ajuda a nos concentrar no que é importante e a traçar um plano de ação para alcançar esses objetivos. Ao fazer isso, podemos criar uma sensação de propósito e direção, o que por si só pode ajudar a aumentar nossa motivação.

Além disso, a força de vontade nos ajuda a superar a procrastinação e a resistir à tentação de adiar tarefas importantes.

Ao nos comprometermos com nossos objetivos e agir de acordo com eles, mesmo quando não estamos totalmente motivados, fortalecemos nossa determinação e criamos um impulso positivo.

A força de vontade também nos ajuda a superar os desafios e obstáculos que podem surgir ao longo do caminho. Em vez de desistir quando a motivação diminui, a força de vontade nos capacita a persistir e encontrar maneiras de nós reenergizar, buscando apoio ou realizando pequenas ações que nos coloquem de volta no caminho certo.

Ao cultivar a força de vontade, podemos aprender a superar a falta de motivação e encontrar a energia necessária para avançar em direção aos nossos objetivos. É importante lembrar que a motivação nem sempre será constante, mas é a força de vontade que nos ajudará a continuar progredindo, mesmo nos momentos difíceis.

66. A relação entre força de vontade e autocontrole nas relações interpessoais.

A força de vontade e o autocontrole são qualidades essenciais para estabelecer e manter relacionamentos interpessoais saudáveis. O autocontrole permite que uma pessoa gerencie suas emoções e impulsos, evitando reações impulsivas e prejudiciais. Por outro lado, a força de vontade é a capacidade de se comprometer com a busca do bem-estar e felicidade dos outros, mesmo quando pode ser desafiador. Quando ambas as qualidades estão presentes, as pessoas têm mais probabilidade de tomar decisões conscientes, comunicar-se de forma eficaz e encontrar soluções pacíficas para conflitos.

67. Os benefícios da força de vontade na busca por novos desafios.

A força de vontade é crucial quando se trata de buscar novos desafios e conquistas. Ela proporciona motivação interna para enfrentar obstáculos e resistir ao desistir quando as coisas ficam difíceis. Através da força de vontade, as pessoas podem superar a procrastinação, manter o foco e perseverar perante as adversidades. Além disso, a força de vontade ajuda a desenvolver resiliência e confiança, permitindo que se aprenda com os fracassos e se torne mais determinado em alcançar metas desafiadoras. Essa qualidade pode levar ao crescimento pessoal, abrindo portas para novas oportunidades e realizações.

68. A relação entre força de vontade e autoconfiança em situações de risco.

A força de vontade e a autoconfiança caminham de mãos dadas quando se trata de enfrentar situações de risco. Através da força de vontade, uma pessoa é capaz de superar o medo e a dúvida e se tornar mais confiante em sua capacidade de lidar com desafios. Ao ter uma forte determinação interna, a autoconfiança é alimentada, permitindo que alguém se sinta mais seguro em assumir riscos calculados. Ter confiança em si mesmo ajuda a tomar decisões mais assertivas, mostrar coragem diante das incertezas e superar limitações autoimpostas. A combinação de força de vontade e autoconfiança fortalece a capacidade de enfrentar situações de risco, resultando em um crescimento pessoal significativo.

69. Como desenvolver a força de vontade em momentos de procrastinação.

A procrastinação pode ser um desafio comum, mas desenvolver a força de vontade pode ajudar a superá-la. Uma maneira eficaz de fazer isso é estabelecer metas claras e específicas, quebrando tarefas maiores em partes menores e mais gerenciáveis. Além disso, criar um ambiente propício para a produtividade, eliminando distrações e estabelecendo rotinas regulares, pode ajudar no desenvolvimento da força de vontade. Outra estratégia útil é recompensar-se após concluir uma tarefa, utilizando elementos positivos como incentivo para manter o foco e evitar a procrastinação.

70. A força de vontade como ferramenta para lidar com a pressão social.

A pressão social é uma realidade em muitos aspectos da vida, seja no trabalho, nos relacionamentos ou em outras situações sociais. A força de vontade pode ser uma ferramenta valiosa nesses momentos, pois nos permite permanecer fiéis aos nossos valores e objetivos pessoais. Ao desenvolver a força de vontade, é mais provável que sejam tomadas decisões conscientes e baseadas no que acreditamos ser certo para nós mesmos, mesmo quando há pressão externa para agir de maneira diferente. Ter uma forte determinação interna ajuda a resistir às influências negativas e nos capacita a ser autênticos em meio à pressão social.

71. A relação entre força de vontade e autocontrole na alimentação.

A força de vontade e o autocontrole desempenham um papel importante na manutenção de uma alimentação saudável. Ter força de vontade nos permite resistir às tentações, como alimentos processados e pouco nutritivos, e optar por escolhas mais saudáveis. O autocontrole ajuda na regulação do tamanho das porções e na capacidade de parar de comer quando se está satisfeito, evitando excessos. Desenvolver a força de vontade e o autocontrole na alimentação requer prática e autodisciplina, mas pode levar a benefícios significativos, como uma melhor saúde física, perda de peso ou manutenção de um peso adequado e maior energia e vitalidade.

Espero que esses desenvolvimentos adicionais tenham sido úteis! Se tiver alguma outra pergunta ou necessitar de mais informações, estou disponível para ajudar.

72. Os benefícios da força de vontade na busca por responsabilidade financeira.

A força de vontade é uma qualidade essencial para alcançar a responsabilidade financeira. Ela envolve tomar decisões conscientes sobre como gastar, economizar e investir dinheiro. Através do desenvolvimento da força de vontade, podemos resistir aos impulsos de compra por impulso e evitar gastos desnecessários. Além disso, a força de vontade nos ajuda a criar e seguir um orçamento, definindo metas financeiras realistas e priorizando nossas necessidades em relação aos desejos. Ao exercitar a força de vontade no aspecto financeiro, podemos evitar dívidas excessivas, construir uma reserva de emergência e alcançar estabilidade financeira a longo prazo.

73. A relação entre força de vontade e autocontrole nas redes sociais.

As redes sociais podem ser uma distração significativa em nossas vidas, consumindo tempo e energia preciosa. Nesse contexto, a força de vontade e o autocontrole desempenham um papel fundamental. A força de vontade nos permite definir limites e estabelecer regras pessoais para o uso das redes sociais, como estabelecer horários específicos ou limitar o tempo de exposição a elas. O autocontrole nos ajuda a resistir ao impulso de verificar constantemente nossas mídias sociais e nos permite direcionar nossa atenção para atividades mais produtivas e significativas. Ao desenvolver essas habilidades, podemos melhorar nosso equilíbrio entre o mundo virtual e o real, nos concentrar em nossos relacionamentos pessoais e na realização de nossas metas pessoais.

74. Como a força de vontade pode ajudar a superar a falta de autoestima.

A falta de autoestima pode ter um impacto significativo em nossa qualidade de vida e relacionamentos. A força de vontade desempenha um papel essencial ao enfrentar esse desafio. Ao desenvolver a força de vontade, podemos criar uma mentalidade mais positiva e resistir às vozes internas negativas que minam nossa autoestima. Podemos desafiar crenças limitantes sobre nós mesmos e cultivar uma postura mais compassiva e amorosa em relação a quem somos. Além disso, a força de vontade nos capacita a buscar ajuda profissional, participar de atividades que fortaleçam nossa autoconfiança e adotar hábitos saudáveis que promovam nosso bem-estar emocional. Com a força de vontade, podemos superar a falta de autoestima e construir uma imagem positiva e saudável de nós mesmos.

Espero que esses desenvolvimentos tenham sido úteis! Se você tiver mais perguntas ou precisar de mais informações, estou aqui para ajudar.

75. A força de vontade como ferramenta para lidar com a insegurança pessoal.

A insegurança pessoal pode ser debilitante e afetar todos os aspectos da nossa vida, desde relacionamentos até carreira profissional. A força de vontade desempenha um papel crucial ao lidar com esse sentimento. Ao exercitar a força de vontade, podemos desafiar os pensamentos negativos e autodepreciativos que alimentam a insegurança. Podemos adotar uma mentalidade de autocompaixão e aceitação, trabalhando para desenvolver uma autoimagem positiva e identificar nossas próprias habilidades e conquistas. Além disso, a força de vontade nos ajuda a buscar oportunidades de crescimento pessoal e profissional, enfrentando desafios e tomando medidas para superar a insegurança. Ao desenvolver essa qualidade, podemos aumentar nossa confiança e promover uma sensação de segurança em nós mesmos.

76. A relação entre força de vontade e assertividade nas relações interpessoais.

A assertividade é fundamental para estabelecer limites saudáveis e se comunicar de forma eficaz com os outros. Nesse contexto, a força de vontade desempenha um papel importante. Ao desenvolver a força de vontade, podemos superar o medo da confrontação e das reações negativas, permitindo-nos expressar nossos pensamentos, sentimentos e necessidades de forma clara e respeitosa. A força de vontade também nos ajuda a resistir à pressão social e aos comportamentos manipuladores, permitindo-nos manter nossos valores e defender nossos direitos. Ao cultivar essa capacidade, podemos fortalecer nossos relacionamentos interpessoais, estabelecendo uma comunicação saudável e construindo uma base sólida de confiança e respeito mútuo.

77. Os benefícios da força de vontade na busca por bem-estar emocional.

O bem-estar emocional é essencial para viver uma vida plena e satisfatória. A força de vontade desempenha um papel fundamental nessa busca. Ao exercitar a força de vontade, podemos desenvolver hábitos saudáveis que promovam o autocuidado emocional, como praticar a atenção plena, meditar regularmente e adotar uma rotina de sono adequada. A força de vontade também nos ajuda a lidar com emoções negativas, permitindo-nos buscar apoio quando necessário, seja através de amigos, familiares ou profissionais de saúde mental. Além disso, a força de vontade nos capacita a tomar medidas para enfrentar desafios emocionais, como buscar terapia ou participar de atividades que promovam o bem-estar, como exercícios físicos ou hobbies gratificantes. Ao cultivar essa habilidade, podemos melhorar nossa resiliência emocional, aumentar nossa felicidade geral e sentir um maior equilíbrio em nossas vidas.

78. A relação entre força de vontade e autoestima corporal.

A autoestima corporal se refere à percepção que temos do nosso próprio corpo e à maneira como nos sentimos em relação a ele. A força de vontade desempenha um papel importante na construção de uma autoestima corporal saudável. Ao exercitar a força de vontade, podemos desafiar os padrões culturais de beleza e as comparações negativas que afetam nossa autoimagem. Podemos aprender a apreciar e aceitar nosso corpo como é, em vez de se concentrar em suas supostas falhas. Além disso, a força de vontade nos ajuda a adotar hábitos alimentares saudáveis e a se envolver em atividades físicas que promovam uma sensação de bem-estar e energia, em vez de focar apenas em metas estéticas. Ao desenvolver essa qualidade, podemos cultivar uma atitude positiva em relação ao nosso corpo e nutrir uma autoestima corporal baseada no respeito, amor-próprio e cuidado pessoal.

79. Como desenvolver a força de vontade em momentos de solidão.

A solidão pode ser um desafio emocionalmente difícil, mas a força de vontade pode nos ajudar a superar esse sentimento. Ao exercitar a força de vontade, podemos tomar medidas para nos conectar com outras pessoas e buscar apoio durante esses momentos solitários. Podemos entrar em contato com amigos ou familiares, participar de grupos de interesse ou voluntariado, ou envolver-nos em atividades sociais que nos permitam conhecer novas pessoas e criar conexões significativas. A força de vontade também nos ajuda a cuidar de nós mesmos durante a solidão, cultivando hábitos saudáveis de autocuidado, como exercícios físicos, meditação, leitura ou outras atividades que nos tragam alegria e satisfação pessoal. Ao desenvolver essa capacidade, podemos encontrar um equilíbrio entre a solidão e a conexão social, promovendo uma maior sensação de propósito, felicidade e bem-estar emocional.

80. A força de vontade como ferramenta para lidar com a rejeição.

A rejeição é uma experiência comum e muitas vezes dolorosa, mas a força de vontade pode ser uma ferramenta valiosa para nos ajudar a lidar com ela de maneira saudável. Ao exercitar a força de vontade, podemos desenvolver resiliência emocional e manter uma perspectiva positiva diante da rejeição. Podemos escolher ver a rejeição como uma oportunidade de crescimento pessoal e aprendizado, em vez de permitir que ela abale nossa autoestima e desencadeie sentimentos de desesperança. A força de vontade nos permite continuar perseverando, buscando novas oportunidades e aprendendo com os obstáculos que encontramos. Ao desenvolver essa qualidade, podemos fortalecer nossa confiança e autoestima, e transformar a rejeição em um impulso para o crescimento e sucesso pessoal.

81. A relação entre força de vontade e autocontrole financeiro pessoal.

O autocontrole financeiro pessoal envolve a capacidade de tomar decisões conscientes em relação a dinheiro e gerenciar as finanças de forma responsável. A força de vontade desempenha um papel fundamental nesse processo, pois nos permite resistir às tentações de gastos impulsivos e adotar hábitos financeiros saudáveis. Ao exercitar a força de vontade, podemos definir metas financeiras claras, criar um orçamento realista e seguir um plano de poupança consistente. Também podemos resistir ao impulso de comprar itens desnecessários ou gastar além das nossas possibilidades. A força de vontade nos ajuda a desenvolver disciplina e autocontrole em relação ao dinheiro, permitindo-nos tomar decisões financeiras mais conscientes e alcançar uma maior estabilidade e segurança financeira.

82. Os benefícios da força de vontade na busca por equilíbrio de trabalho e vida pessoal.

Encontrar equilíbrio entre o trabalho e a vida pessoal pode ser um desafio, mas a força de vontade pode nos ajudar a encontrar esse equilíbrio de forma mais eficaz. Ao exercitar a força de vontade, podemos definir limites claros entre o trabalho e outras áreas de nossa vida, como família, amigos e lazer. Podemos aprender a priorizar nossa saúde e bem-estar emocional, reservando tempo para atividades que nos tragam prazer e relaxamento, mesmo quando estamos sob pressão no trabalho. A força de vontade nos ajuda a manter uma abordagem equilibrada e saudável em relação ao trabalho, evitando o esgotamento e o estresse excessivo.

Desenvolvendo essa qualidade, podemos criar uma atmosfera de equilíbrio e satisfação entre as diferentes áreas de nossa vida, promovendo uma maior felicidade e realização pessoal.

83. A relação entre força de vontade e autocontrole emocional em situações de estresse.

O autocontrole emocional é a habilidade de gerenciar nossas emoções de maneira saudável, especialmente em situações estressantes. Nesse contexto, a força de vontade desempenha um papel essencial ao nos ajudar a regular e controlar nossas respostas emocionais. Ao exercitar a força de vontade, podemos desenvolver a capacidade de identificar as emoções que surgem durante momentos de estresse e tomar medidas para lidar com elas de forma construtiva. Isso inclui praticar técnicas de relaxamento, como a respiração profunda ou a meditação, ou buscar apoio emocional quando necessário. A força de vontade também nos permite manter uma perspectiva positiva durante períodos difíceis, ajudando-nos a tomar decisões racionais e a enfrentar os desafios com resiliência.

84. Como a força de vontade pode ajudar a superar a autocrítica.

A autocrítica é um padrão de pensamento negativo e autodepreciativo que pode prejudicar nossa autoestima e bem-estar emocional. A força de vontade pode ser uma ferramenta poderosa para superar esse hábito autocrítico e desenvolver uma mentalidade mais positiva. Ao exercitar a força de vontade, podemos conscientemente escolher substituir pensamentos negativos por pensamentos mais compassivos e encorajadores.

Podemos desafiar as crenças limitantes que alimentam a autocrítica, reconhecendo nossas próprias conquistas e qualidades.

A força de vontade também nos ajuda a praticar a autocompaixão, aceitando nossas imperfeições e aprendendo com nossos erros, em vez de nos julgar severamente. Ao fortalecer essa qualidade, podemos cultivar uma atitude mais gentil e amorosa em relação a nós mesmos, promovendo um maior auto crescimento e bem-estar emocional.

85. A força de vontade como ferramenta para lidar com a negação do próprio potencial.

A negação do próprio potencial é um obstáculo comum que pode impedir o crescimento pessoal e profissional. A força de vontade desempenha um papel fundamental ao nos ajudar a superar esse padrão de pensamento limitante. Ao exercitar a força de vontade, podemos desafiar a autopercepção negativa e começar a reconhecer nosso verdadeiro potencial. Podemos estabelecer metas desafiadoras e desenvolver um plano de ação para alcançá-las, impulsionados pela convicção de que somos capazes de superar obstáculos e atingir o sucesso. A força de vontade também nos permite persistir mesmo diante da incerteza e do medo do fracasso, mantendo a motivação e a determinação para seguir em frente. Ao fortalecer essa qualidade, podemos romper as barreiras da negação e alcançar níveis mais altos de realização pessoal e profissional.

Espero que esses desenvolvimentos tenham sido úteis! Se você tiver mais perguntas ou precisar de mais informações, estou à disposição para ajudar.

86. A relação entre força de vontade e autocontrole na procrastinação das tarefas diárias.

A procrastinação é um hábito comum que muitas pessoas enfrentam ao adiar a realização de suas tarefas diárias. A falta de autocontrole e de força de vontade pode ser um fator que contribui para esse comportamento. No entanto, a força de vontade e o autocontrole são habilidades que podem ser desenvolvidas e utilizadas para superar a procrastinação.

O autocontrole refere-se à capacidade de regular nossos impulsos e adiar a gratificação imediata em prol de metas a longo prazo. Já a força de vontade é a determinação e o comprometimento para seguir adiante, mesmo quando enfrentamos obstáculos ou tentações para procrastinar.

Ao exercitar a força de vontade e o autocontrole, podemos desenvolver estratégias eficazes para combater a procrastinação.

Uma abordagem útil é quebrar as tarefas maiores em metas menores e mais gerenciáveis. Isso nos permite focar em etapas específicas e reduzir o sentimento avassalador que pode levar à procrastinação.

Outra estratégia é criar um ambiente propício para a produtividade. Isso pode incluir eliminar distrações, estabelecer horários específicos para realizar as tarefas e recompensar-se após completar cada etapa. Ao praticar a autorregulação e exercitar a força de vontade, podemos manter o foco e evitar ceder à tendência de procrastinar.

Além disso, é importante cultivar uma mentalidade positiva e motivadora. A força de vontade pode nos ajudar a desafiar os pensamentos auto sabotadores e a substituí-los por pensamentos encorajadores e construtivos. Isso nos impulsiona a iniciar as tarefas e a manter o ímpeto necessário para concluí-las.

Ao desenvolver a força de vontade e o autocontrole na procrastinação das tarefas diárias, podemos aumentar nossa eficiência e produtividade. Com o tempo, essas habilidades fortalecidas se tornam cada vez mais automáticas, facilitando a superação da procrastinação e a realização de nossas metas e responsabilidades diárias.

87. Os benefícios da força de vontade na busca por relações mais saudáveis.

A força de vontade desempenha um papel fundamental na busca por relacionamentos saudáveis e duradouros. Ao exercitar nossa força de vontade, somos capazes de tomar decisões conscientes e fazer escolhas que nos beneficiam no âmbito das relações interpessoais.

Uma pessoa com força de vontade desenvolvida é capaz de estabelecer limites saudáveis e assertivos em seus relacionamentos.

Ela consegue dizer "não" quando necessário, evitando ser manipulada ou explorada. Além disso, a força de vontade permite que essa pessoa tenha maior autonomia emocional, reduzindo a dependência excessiva do outro e favorecendo relacionamentos mais equilibrados.

Outro benefício da força de vontade é a capacidade de lidar com conflitos de maneira construtiva. Uma pessoa com autocontrole e força de vontade pode controlar suas emoções e expressá-las de forma adequada, evitando crises desproporcionais e destrutivas.

Além disso, ela se esforça para resolver os conflitos e encontrar soluções, mantendo a harmonia nas relações.

A força de vontade também contribui para o desenvolvimento de habilidades de comunicação eficazes. Pessoas com força de vontade tendem a ser mais assertivas, expressando suas necessidades e desejos de forma clara e respeitosa. Isso promove a compreensão mútua nos relacionamentos e cria laços baseados na transparência e reciprocidade.

No geral, a força de vontade desempenha um papel crucial na busca por relações mais saudáveis, permitindo que nos posicionemos de forma assertiva, estabeleçamos limites adequados, lidemos com conflitos de maneira construtiva e desenvolvamos habilidades eficientes de comunicação. Ao exercitar essa habilidade, podemos melhorar significativamente a qualidade de nossos relacionamentos interpessoais.

88. A relação entre força de vontade e autoestima emocional.

A força de vontade e a autoestima emocional estão intrinsecamente conectadas. Ter um alto nível de autoestima emocional implica em ter uma visão positiva de si mesmo, uma boa capacidade de lidar com as emoções e uma confiança interna sólida. A força de vontade, por sua vez, é o poder de resistir às tentações, superar obstáculos e perseverar em direção às metas.

Quando possuímos uma forte força de vontade, somos capazes de trabalhar em prol do nosso bem-estar emocional e desenvolver uma autoestima saudável. A força de vontade nos ajuda a identificar e modificar padrões de pensamento negativos ou autodestrutivos que podem afetar nossa autoestima. Ela nos motiva a desafiar crenças limitantes e a adotar uma mentalidade mais positiva e construtiva.

Além disso, a força de vontade também nos ajuda a lidar com emoções difíceis. Ela nos permite enfrentar os desafios da vida de forma resiliente, em vez de nos deixarmos levar por sentimentos negativos. Ao exercitar a força de vontade, podemos aprender a controlar nossas reações emocionais e a tomar decisões conscientes, mesmo quando estamos passando por situações estressantes ou desafiadoras.

A autoestima emocional se beneficia da força de vontade, pois quando temos controle sobre nossas ações e escolhas, nos sentimos mais confiantes em relação a nós mesmos. Acreditamos que somos capazes de superar as adversidades e de alcançar nossos objetivos, o que fortalece nossa autoestima.

É importante ressaltar que a força de vontade e a autoestima emocional são habilidades que podem ser desenvolvidas e aprimoradas ao longo do tempo. Praticar diariamente o autocontrole, estabelecer metas consistentes e aprender a lidar com as próprias emoções são formas eficazes de fortalecer tanto a força de vontade quanto a autoestima emocional.

Ao trabalhar em conjunto, a força de vontade e a autoestima emocional podem criar um ciclo positivo de autoafirmação.

Quando exercitamos a força de vontade para alcançar nossas metas e superar desafios, nossa autoestima é fortalecida, pois nos sentimos capazes e competentes. E, por sua vez, uma autoestima emocional saudável nos dá mais motivação e determinação para continuar desenvolvendo nossa força de vontade.

A relação entre força de vontade e autoestima emocional também está presente na capacidade de enfrentar e superar falhas e rejeições. Pessoas com forte força de vontade tendem a encarar essas situações como oportunidades de aprendizado e crescimento, em vez de se deixarem abater por elas. Isso contribui para uma autoestima emocional resiliente, permitindo que aceitemos e nos recuperemos dos fracassos, mantendo nossa confiança interna intacta.

É importante ressaltar que tanto a força de vontade quanto a autoestima emocional requerem um trabalho contínuo e constante.

Elas não são características inatas, mas sim habilidades que podemos cultivar ao longo da vida. O autodesenvolvimento, o autoconhecimento e a prática de técnicas de autorreflexão são fundamentais para fortalecer esses aspectos de nossa personalidade.

Portanto, ao exercitar a força de vontade para alcançar nossos objetivos, ao enfrentar desafios com resiliência e ao desenvolver uma visão positiva de nós mesmos, estamos construindo uma relação positiva e poderosa entre a força de vontade e a autoestima emocional. Essa relação fortalecida nos permite enfrentar os altos e baixos da vida com mais confiança, equilíbrio e sucesso.

89. Como desenvolver a força de vontade em momentos de medo e ansiedade.

Desenvolver a força de vontade em momentos de medo e ansiedade pode ser um desafio, mas é possível com algumas estratégias e práticas. Aqui estão algumas dicas para lidar com essas emoções e fortalecer sua força de vontade:

1. **Autoconhecimento:** É importante entender o que causa o medo e a ansiedade em você. Identificar suas principais preocupações e pensar nas razões por trás dessas emoções pode ajudar a enfrentá-las de forma mais eficaz.

2. **Aceite e reconheça suas emoções:** Em vez de lutar contra o medo e a ansiedade, permita-se sentir essas emoções e reconhecê-las como parte da experiência humana. Aprenda a aceitar que é normal ter esses sentimentos e que eles não definem sua capacidade ou potencial.

3. **Pratique a atenção plena:** A atenção plena é uma técnica que envolve estar presente agora, sem julgamentos. Ao se concentrar no presente, você pode reduzir a preocupação com o futuro e controlar a ansiedade. A meditação e a respiração consciente são práticas úteis para cultivar a atenção plena.

4. Estabeleça metas realistas: Defina metas específicas, alcançáveis e realistas para si mesmo. Isso ajuda a manter o foco e a motivação, mesmo quando está lidando com medo e ansiedade. Dividir grandes metas em tarefas menores também torna o processo mais gerenciável.

5. Exponha-se gradualmente às situações temidas: Se você evita certas situações devido ao medo ou à ansiedade, tente enfrentá-las gradualmente. Comece com pequenos passos e vá aumentando gradualmente a exposição às situações desafiadoras. Isso ajudará a dessensibilizar seu medo e a fortalecer sua coragem.

6. Busque apoio emocional: Compartilhar seus medos e ansiedades com pessoas de confiança pode ajudar a aliviar o peso emocional e fornecer apoio. Conversar com amigos, familiares ou até mesmo um profissional de saúde mental pode ser benéfico para desenvolver a força de vontade nessas circunstâncias.

7. Celebre suas conquistas: Reconheça e celebre cada pequena vitória ao superar o medo e a ansiedade. Isso reforça a sua resiliência e motivação para continuar a trabalhar em direção aos seus objetivos.

Lembre-se de que desenvolver a força de vontade em momentos de medo e ansiedade é um processo contínuo. Seja gentil consigo mesmo, pratique a paciência e a persistência. Com o tempo, você poderá cultivar uma força de vontade mais robusta e lidar melhor com essas emoções desafiadoras.

90. A força de vontade como ferramenta para lidar com a pressão de padrões de beleza.

A pressão dos padrões de beleza pode ser esmagadora e prejudicial para a autoestima e a saúde mental. No entanto, a força de vontade pode ser uma ferramenta poderosa para enfrentar e superar essas expectativas. Aqui estão algumas maneiras de usar a força de vontade nesse contexto:

1. **Autoaceitação:** Desenvolver a força de vontade para praticar a autoaceitação é fundamental. Isso envolve valorizar-se além dos padrões externos de beleza e reconhecer que sua autoestima não deve depender de sua aparência física.

2. **Mudança de perspectiva:** Utilize sua força de vontade para mudar a maneira como você enxerga os padrões de beleza. Reconheça que eles são socialmente construídos e não devem ditar seu valor pessoal.

3. **Estabelecimento de prioridades:** Fortaleça sua força de vontade ao definir suas próprias prioridades em relação à beleza. Concentre-se na saúde, no bem-estar e na autenticidade em vez de buscar atender às expectativas irreais impostas pela sociedade.

4. **Cuidado com o corpo:** Utilize a força de vontade para manter um estilo de vida saudável e equilibrado. Pratique exercícios físicos

que você goste, alimente-se de forma nutritiva e cuide da sua saúde mental. Fazer isso não apenas ajudará a melhorar sua imagem corporal, mas também sua autoconfiança.

91. A relação entre força de vontade e autocontrole nas relações amorosas.

A força de vontade e o autocontrole desempenham um papel crucial nas relações amorosas saudáveis. Aqui estão algumas maneiras como eles podem se interligar:

1. **Comunicação eficaz:** A força de vontade é fundamental para exercer autocontrole na comunicação durante conflitos ou momentos de tensão. Isso envolve controlar impulsos de resposta imediata e escolher palavras cuidadosas ao lidar com desentendimentos.

2. **Tomada de decisões conscientes:** A força de vontade pode ajudar a evitar comportamentos impulsivos, como infidelidade ou agressividade, que podem prejudicar os relacionamentos. Ao exercer autocontrole, você pode tomar decisões conscientes e manter a fidelidade e a honestidade.

3. **Respeito pelos limites:** A força de vontade permite respeitar os limites do parceiro e as necessidades individuais. Ao exercer autocontrole, você evita pressionar ou manipular o outro e demonstra respeito mútuo.

4. **Gerenciamento de emoções:** A força de vontade e o autocontrole são fundamentais para lidar com emoções intensas e

evitar reações impulsivas que possam prejudicar a relação. Ao desenvolver a habilidade de gerenciar suas próprias emoções, você cria um ambiente mais saudável e harmonioso.

92. Os benefícios da força de vontade na busca por autoconhecimento.

A força de vontade desempenha um papel importante na jornada de autoconhecimento. Aqui estão alguns benefícios dessa conexão:

1. Autodisciplina: A força de vontade permite adotar hábitos saudáveis e consistentes que promovem o autoconhecimento. Ao estabelecer uma rotina de reflexão, meditação, escrita ou outras práticas introspectivas, você desenvolve a autodisciplina necessária para explorar e compreender a si mesmo.

2. Persistência: A força de vontade é essencial para superar os desafios que surgem ao longo da busca pelo autoconhecimento. É comum encontrar resistência interna durante esse processo, mas a força de vontade permite persistir e continuar aprendendo sobre si mesmo, mesmo quando a jornada se torna difícil.

3. Clareza de objetivos: Através da força de vontade, você pode definir e manter o foco nos seus objetivos de autoconhecimento. Isso permite identificar quais aspectos de si mesmo você deseja explorar e compreender melhor, facilitando o direcionamento de seus esforços nessa direção.

4. Aceitação pessoal: A força de vontade ajuda a enfrentar e aceitar as partes de si mesmo que podem ser difíceis de lidar. Ao ter a determinação de olhar para suas qualidades e fraquezas com uma perspectiva compassiva, você fortalece sua autoaceitação e, consequentemente, seu autoconhecimento.

5. Autonomia e autoconfiança: A força de vontade permite a libertação de padrões limitantes e a busca por uma identidade autêntica. Ao exercer a capacidade de tomar decisões conscientes e seguir o próprio caminho, você desenvolve maior autonomia e confiança em si mesmo.

6. Crescimento pessoal: A força de vontade impulsiona o crescimento pessoal contínuo. Ao cultivar o hábito de buscar o autoconhecimento por meio da reflexão, da aprendizagem e do autodesenvolvimento, você expande sua consciência e se torna uma versão melhor de si mesmo.

7. Bem-estar emocional: A força de vontade desempenha um papel importante na construção de um equilíbrio emocional saudável. Ao identificar e compreender suas emoções, você pode usar sua força de vontade para adotar estratégias eficazes de autorregulação emocional, como a prática da gratidão, da mindfulness ou do perdão.

8. Relacionamentos mais autênticos: A força de vontade no autoconhecimento também contribui para relacionamentos mais genuínos e significativos. Quando você está consciente de seus valores, necessidades e limites, é mais capaz de estabelecer relações que são compatíveis com quem você realmente é, promovendo conexões mais autênticas e gratificantes.

Portanto, a força de vontade desempenha um papel essencial na busca por autoconhecimento, permitindo a autodisciplina, a persistência, a clareza de objetivos, a aceitação pessoal, a autonomia, o crescimento pessoal, o bem-estar emocional e relacionamentos mais autênticos. Desenvolver e fortalecer essa qualidade pode trazer benefícios significativos para a vida pessoal e o bem-estar geral.

93. A relação entre força de vontade e autoaceitação da própria história.

A força de vontade desempenha um papel fundamental na capacidade de aceitar e abraçar a própria história. Ter força de vontade permite que você se torne mais resiliente diante dos desafios e obstáculos que enfrentou ao longo da vida. Isso significa ter a determinação de aprender com as experiências passadas, enxergar os momentos difíceis como oportunidades de crescimento e encontrar maneiras de seguir em frente, mesmo quando se depara com cicatrizes emocionais. A força de vontade ajuda a desenvolver uma atitude compassiva em relação a si mesmo, permitindo que você aceite tanto as suas vitórias quanto as suas falhas, sem julgamentos severos ou autocrítica excessiva.

Ao cultivar essa força interior, você se torna capaz de reconhecer que sua jornada de vida é única e valiosa, tornando-se mais apto a se perdoar e a se amar incondicionalmente.

94. Como a força de vontade pode ajudar a superar a autossabotagem nas relações interpessoais.

A autossabotagem nas relações interpessoais pode ser resultado de medos, inseguranças ou crenças limitantes que temos sobre nós mesmos. A força de vontade desempenha um papel poderoso nesse processo, pois nos permite desafiar essas autossabotagens e adotar novos comportamentos saudáveis em nossos relacionamentos. Por exemplo, ao praticar a auto-observação, você pode identificar padrões autodestrutivos e, então, usar sua força de vontade para substituí-los por comportamentos mais positivos.

Isso requer autodisciplina e persistência para superar os impulsos negativos, mas, com a força de vontade, é possível desenvolver novas formas de se relacionar, como estabelecer limites saudáveis, expressar suas necessidades de maneira assertiva e cultivar a empatia e a compreensão nas interações com os outros.

95. A força de vontade como ferramenta para lidar com o julgamento de outras pessoas.

O julgamento de outras pessoas pode afetar nossa autoestima e confiança, mas a força de vontade nos ajuda a enfrentar essas situações de forma mais saudável. Ao cultivar uma mentalidade resiliente e autêntica, você pode usar sua força de vontade para não permitir que o julgamento alheio determine seu valor pessoal.

Isso envolve a capacidade de estabelecer limites emocionais e não levar as críticas de maneira pessoal. Com a força de vontade, você pode fortalecer sua autoconfiança e autoaceitação, lembrando-se de que sua própria valia não depende da opinião dos outros. Além disso, a força de vontade também pode ser usada para adotar uma perspectiva compassiva em relação aos julgamentos dos outros, lembrando-se de que as pessoas têm experiências diferentes e projeções próprias, o que muitas vezes influencia suas atitudes e palavras.

96. A relação entre força de vontade e autoestima profissional.

A força de vontade desempenha um papel essencial na construção e manutenção de uma sólida autoestima profissional. Ter força de vontade significa ter a determinação e o comprometimento necessários para desenvolver habilidades, buscar objetivos e enfrentar desafios no ambiente de trabalho. Essa determinação promove uma sensação de eficácia pessoal, impulsionando a confiança em suas capacidades profissionais. Ao enfrentar obstáculos com resiliência e persistência, a força de vontade ajuda a superar as dúvidas e autocríticas que podem minar a autoestima.

Além disso, com a força de vontade, você pode estabelecer e manter limites saudáveis, valorizar suas conquistas e se sentir mais realizado profissionalmente, contribuindo para uma autoestima positiva.

97. Os benefícios da força de vontade na busca por novas oportunidades.

A força de vontade desempenha um papel crucial na busca por novas oportunidades em diversas áreas da vida. Ela envolve a capacidade de definir metas claras, criar planos de ação e perseverar diante dos desafios.

Ao exercer a força de vontade, somos mais propensos a identificar e aproveitar oportunidades que nos levam a crescer e alcançar nossos objetivos. Isso ocorre porque a força de vontade nos ajuda a manter o foco, superar a procrastinação e seguir em frente, mesmo quando as coisas parecem difíceis.

Além disso, a força de vontade nos ajuda a desenvolver uma atitude positiva e resiliente diante das adversidades. Ela nos encoraja a aprender com os fracassos e obstáculos, buscando maneiras criativas de contorná-los e encontrar soluções alternativas.

A força de vontade também nos permite desenvolver habilidades de autodisciplina, organização e gestão do tempo. Essas habilidades são valiosas ao procurar novas oportunidades, pois nos permitem maximizar nosso potencial e otimizar nossos esforços na direção certa.

Em resumo, a força de vontade nos capacita a buscar ativamente novas oportunidades, aproveitando ao máximo nosso potencial e superando os desafios que surgem ao longo do caminho.

98. A relação entre força de vontade e autocontrole emocional na política.

A política é um campo onde o autocontrole emocional é fundamental para um desempenho eficaz. A força de vontade desempenha um papel crucial ao desenvolver e manter esse autocontrole emocional.

A política é frequentemente caracterizada por situações estressantes, confrontos de opiniões e emoções intensas. Nesse contexto, a força de vontade nos permite controlar nossas reações emocionais, mesmo quando confrontados com adversidades, críticas ou conflitos.

Ao exercer a força de vontade, somos mais propensos a agir de maneira ponderada e racional, evitando respostas impulsivas ou emotivas. Isso é essencial para construir relacionamentos saudáveis, promover o diálogo construtivo e buscar soluções pragmáticas para os desafios políticos.

A força de vontade também nos ajuda a cultivar a empatia e a compreensão, permitindo que nos coloquemos no lugar dos outros e consideremos perspectivas diferentes das nossas. Isso é fundamental para criar um ambiente político mais colaborativo e para tomar decisões informadas que beneficiem a sociedade como um todo.

Em suma, a força de vontade desempenha um papel vital no desenvolvimento do autocontrole emocional na política. Ela nos permite agir de maneira racional, cultivar a empatia e tomar decisões informadas, promovendo assim uma política mais construtiva e positiva.

Espero que essas informações ajudem a esclarecer os benefícios da força de vontade na busca por novas oportunidades e a relação entre força de vontade e autocontrole emocional na política. Se tiver mais dúvidas ou precisar de mais detalhes, estou à disposição para ajudar.

99. Como desenvolver a força de vontade em situações de adversidade familiar.

As situações de adversidade familiar podem ser desafiadoras e exigir uma dose extra de força de vontade para superá-las. Aqui estão algumas estratégias que podem ajudar no desenvolvimento da força de vontade nesses momentos:

1. **Defina metas claras:** Estabelecer objetivos específicos pode fornecer um senso de direção e propósito. Identifique o que você deseja alcançar, mesmo que seja algo pequeno, e trabalhe em direção a isso.

2. **Cultive a resiliência emocional:** Enfrentar adversidades familiares pode trazer à tona uma série de emoções difíceis. Pratique técnicas de autocompaixão e aceitação para lidar com esses sentimentos e manter-se resiliente.

3. **Crie uma rede de apoio:** Buscar o apoio de amigos, familiares ou grupos de apoio pode ajudar a fortalecer sua força de vontade. Ter pessoas com quem compartilhar seus desafios e conquistas pode trazer motivação e encorajamento.

4. **Mantenha um pensamento positivo:** Em momentos difíceis, é fácil se sentir desanimado, mas praticar o pensamento positivo pode ajudar a manter a motivação. Foque nas soluções em vez dos

problemas e lembre-se de que a adversidade pode levar ao crescimento pessoal.

5. Estabeleça rotinas e consistência: Em meio ao caos familiar, criar e manter rotinas consistentes pode fornecer estabilidade e um senso de controle. Reserve tempo para atividades que lhe tragam prazer e foco em seu desenvolvimento pessoal.

100. A força de vontade como ferramenta para lidar com a falta de recursos materiais.

Quando enfrentamos a falta de recursos materiais, seja financeiros, educacionais ou profissionais, a força de vontade pode ser uma ferramenta poderosa para superar esses obstáculos. Aqui estão algumas maneiras de desenvolver e utilizar a força de vontade nessas circunstâncias:

1. Defina metas realistas: Estabeleça metas específicas que você deseja alcançar dentro das limitações dos recursos disponíveis. Ao ter um alvo claro em mente, você pode se motivar a tomar medidas concretas para atingi-lo.

2. Seja criativo e flexível: A falta de recursos materiais muitas vezes exige que sejamos criativos em encontrar soluções alternativas. Pense fora da caixa e esteja disposto a explorar diferentes abordagens e possibilidades.

3. Busque conhecimento e desenvolvimento pessoal: A força de vontade pode ser direcionada para buscar oportunidades de aprendizado e desenvolvimento. Procure por recursos gratuitos ou de baixo custo, como cursos online, livros, tutoriais ou workshops, e invista tempo para adquirir novas habilidades.

4. Cultive uma mentalidade de abundância: Em vez de focar nas limitações dos recursos, concentre-se nas possibilidades e nas coisas que você já tem ao seu alcance. Trabalhe na gratidão e no aproveitamento máximo dos recursos disponíveis.

5. Estabeleça prioridades e faça escolhas conscientes: Diante da falta de recursos, é essencial priorizar e fazer escolhas conscientes sobre como alocar o que você tem. A força de vontade pode ajudá-lo a tomar decisões alinhadas aos seus valores e metas, garantindo o uso eficiente e estratégico dos recursos disponíveis.

Lembrando que cada situação de adversidade familiar ou falta de recursos é única e pode exigir abordagens diferentes. Por fim, é crucial manter-se resiliente e persistente. O caminho pode ser difícil, mas é importante não desistir e continuar avançando gradualmente. A força de vontade irá impulsionar você a superar os desafios e encontrar maneiras de alcançar seus objetivos, mesmo com recursos limitados.

Conclusão

Ao longo deste livro, exploramos a força de vontade em sua essência mais profunda e valiosa. Descobrimos que ela é um componente fundamental para o sucesso em todas as áreas da vida, e que pode ser desenvolvida e fortalecida através de estratégias eficazes.

O desenvolvimento da força de vontade requer paciência, determinação e uma mente aberta para mudanças positivas e duradouras. Devemos aprender a definir metas realistas, manter o foco e perseverar, mesmo diante dos obstáculos e frustrações.

Mais do que isso, a força de vontade nos ajuda a lidar com situações desafiadoras e a superar limitações. Ela traz consigo um poder incrível para transformar nossas vidas e nos tornar mais resilientes, emocionalmente equilibrados e conscientes de nossas escolhas.

Espero que este livro tenha sido uma fonte de inspiração e orientação para todos aqueles que desejam desenvolver sua força de vontade e alcançar seus objetivos mais ambiciosos e desafiadores. Lembre-se: com perseverança e determinação, não há limites para o que podemos conquistar.

Sobre o Autor

Gabriel Novaes é um autor apaixonado por desenvolvimento pessoal e pela capacidade humana de superação. Embora tenha se formado em Tecnologia, sua paixão pelo estudo da mente humana o levou a se especializar em Psicologia e Neuropsicologia.

Com uma abordagem única e inspiradora, Gabriel combina seu conhecimento técnico com insights práticos para ajudar as pessoas a desbloquearem seu potencial máximo. Seus escritos são guiados pela crença de que todos têm a capacidade de alcançar o sucesso e a realização pessoal.

Através de sua experiência e estudos, Gabriel adquiriu uma compreensão profunda dos mecanismos por trás do desenvolvimento pessoal e da força de vontade. Seus livros e artigos oferecem orientações práticas, dicas úteis e histórias inspiradoras para aqueles que desejam aprimorar sua mentalidade, atingir metas desafiadoras e criar uma vida significativa.

Gabriel é conhecido por sua escrita clara, acessível e repleta de insights perspicazes. Sua abordagem empática e genuína cria uma conexão poderosa com os leitores, ajudando-os a se sentirem motivados e capacitados a alcançar o sucesso em suas próprias jornadas de autodesenvolvimento.

Quer seja por meio de seus livros, palestras ou artigos, Gabriel Novaes continua a inspirar e capacitar indivíduos em sua busca por crescimento pessoal e realização. Seu trabalho é um convite para que cada pessoa descubra o seu potencial e desenvolva uma mentalidade de succsso.

Para saber mais sobre Gabriel Novaes e seus insights sobre desenvolvimento pessoal, visite seu site e acompanhe-o nas redes sociais, onde ele compartilha regularmente conteúdos valiosos para ajudar as pessoas a transformarem suas vidas.

Gabriel Novaes

Como Desenvolver FORÇA DE VONTADE

Gabriel Novaes
gabrielnovaes2025@gmail.com
@Gabriel20252025

www.ingramcontent.com/pod-product-compliance
Lightning Source LLC
LaVergne TN
LVHW010106170826
845678LV00012B/2265

* 9 7 8 6 5 0 0 7 5 7 1 9 4 *